JOHN McGURK

W0174947

AUFSTEHEN, KILT RICHTEN, WEITER- KÄMPFEN

Wie das Drama
meiner Kindheit
zur Berufung
meines Lebens
wurde

SCM
Hänssler

SCM

Stiftung Christliche Medien

Der SCM Verlag ist eine Gesellschaft der Stiftung Christliche Medien, einer gemeinnützigen Stiftung, die sich für die Förderung und Verbreitung christlicher Bücher, Zeitschriften, Filme und Musik einsetzt.

Dieses Buch beruht auf Tatsachen. Dennoch wurden zum Schutz der Persönlichkeitsrechte einige Namen und Umstände geändert. Der vorliegende Text gibt ausschließlich die persönliche Meinung des Autors wieder.

© 2019 SCM Verlagsgruppe GmbH
Max-Eyth-Straße 41 · 71088 Holzgerlingen
Internet: www.scm-haenssler.de; E-Mail: info@scm-haenssler.de

Die Bibelverse sind folgender Ausgabe entnommen:
Lutherbibel, revidiert 2017, © 2016 Deutsche Bibelgesellschaft, Stuttgart

Co-Autor: Daniel Schneider
Lektorat: Christiane Kathmann, www.lektorat-kathmann.de
Umschlag- und Bildteilgestaltung: Grafikbüro Sonnhüter,
www.grafikbuero-sonnhueter.de
Titelbild: Roland Willaert, www.photoprojects.de | Shutterstock.com,
Bild-ID: 214759399, rangizzz
Satz: typoscript GmbH, Walddorfhäslach

Druck und Bindung: GGP Media GmbH, Pößneck
Gedruckt in Deutschland
ISBN 978-3-7751-5931-9
Bestell-Nr. 395.931

STIMMEN ZUM BUCH

»Die Lebensgeschichte von John McGurk liest sich wie ein atemberaubendes Drehbuch: Tragisch, mutig, wunderbar erzählt, voller Liebe und Hoffnung. Ein Roadtrip der Gefühle. Meine Gebrauchsanweisung: Buch aufschlagen, anschnallen, mitreißen lassen und selbst Hoffnungsträger werden.«

Erdogan Atalay, Schauspieler (Alarm für Cobra 11 u. a.)

»John McGurk: Was hilft ihm gegen die Schatten seiner eigenen Vergangenheit? Sein absoluter, bedingungsloser und unermüdlicher Einsatz für Kinder, die täglich ähnlich misshandelt werden wie er selbst. Mein lieber John, ich bin stolz darauf, dich einen Freund nennen zu dürfen.«

Thomas Gerdiken, Ehrenbürger
und musikalischer Botschafter der Stadt New Orleans

John McGurks eigene Kindheit ist sein Antrieb, der ihn um die halbe Welt laufen lässt, um aufzuzeigen, dass Kinder der größte Schatz sind. Die Beschreibungen seiner schrecklichen Kindheit voller Misshandlungen, Isolation, Gewalt und Armut gehen beim Lesen des Buches unter die Haut. Doch, Gott rettet Kinder, die ohne Schutz sind. Übernatürlich, auch heute. Und wir können es auch tun: Das ist McGurks Antrieb und seine Botschaft, bei allem, was er tut. Dieser großartige Mann hat mit seiner Mission nicht nur unglaublich viel Geld gesammelt, sondern mit jedem Schritt bewiesen, dass man trotz seiner traurigen Vergangenheit Kinderaugen zum Strahlen bringen kann. Danke John.

Bernd Siggelkow, Gründer der Arche

»Du kannst mehr, als du glaubst! – das ist Motto und Nutzenversprechen des ›Duke of Edinburgh's International Award‹ – belegt durch Testimonials der Programmteilnehmer, Erfahrungen der Mentoren und neuerdings auch durch eine globale wissenschaftliche Untersuchung. Johns Leben und Wirken – und nicht zuletzt dieser Band – veranschaulichen den Gehalt des Leitspruchs und das Wachsen an Herausforderungen auf besonders eindrucksvolle Art und Weise. Wir wünschen dem Buch und unserem neuen Botschafter viel Erfolg, sodass bald noch sehr viel mehr junge Menschen in Deutschland in den Genuss dieser Erfahrung kommen.«

Klaus Vogel, Vorsitzender
von »The Duke of Edinbugh's Award« Deutschland

Mein Team und mich fasziniert an John und seiner Arbeit der unermüdliche Kampf und Willen, jungen Menschen das Leid zu ersparen, das er selbst erlebt hat. Für uns ist das die höchste Form der Nächstenliebe. Wir wissen, wie viel Energie und Herzblut John in seine Projekte steckt. Dafür ist dieses Buch das beste Beispiel!

Hans-Bernd Kamps, Motorsportagentur tolimit & Partner
von Sportler 4a childrens world

INHALT

Ich widme dieses Buch allen notleidenden Kindern dieser Welt, denn in Gottes Augen seid ihr die wahren Engel auf Erden.

VORWORT

Liebe Leserin, lieber Leser,

John McGurk ist ein typischer Schotte. Rau und verwegen wie das Wetter in Schottland, hart im Nehmen und nicht bereit, aufzugeben. Aber er hat auch eine humorvolle, liebevolle und herzliche Seite, die vor Lebensfreude nur so sprüht. Seine Geschichte dagegen ist alles andere als typisch. Sie ist einzigartig, tragisch, trotzdem voller Hoffnung und in diesem Buch beeindruckend beschrieben. Herzlich willkommen zu einer Heldenreise mit Höhen und Tiefen, voller Triumphe und Tragödien.

Erschütternd sind die Umstände, unter denen John im Süden von Glasgow aufgewachsen ist. Alle Grundpfeiler seines familiären Lebens sind sehr früh weggebrochen. Der Vater widmete sein Leben dem Alkohol, die Mutter floh vor Gewalt und Hilflosigkeit nach Irland. John und seine sieben Geschwister wurden getrennt und in verschiedenen Kinderheimen untergebracht. Dort erlebte John die schlimmste Zeit seines Lebens. Doch er gab die Hoffnung nicht auf und kämpfte für eine bessere Zukunft. John ist der lebende Beweis dafür, dass Liebe stärker ist als Hass und Demütigung.

Seine Geschichte ist eine Hoffnungsgeschichte. Sie macht Mut und zeigt, dass ein widriger Start ins Leben nicht nur in eine Richtung – nach unten – führt. John McGurk hat sein Schicksal selbst in die Hand genommen. Er steht ein für Nächstenliebe, bedingungslose Unterstützung seiner Mitmenschen und den festen Glauben an eine bessere Welt für unsere Kinder.

Ich kenne John seit vielen Jahren und weiß: Es lohnt sich, ihm zuzuhören. Er schildert einen Weg, den er trotz vieler Hindernisse mit Zielstrebigkeit und Durchsetzungsstärke, mit Empathie und Hilfsbereitschaft meistert. Dieses Buch zeigt eindrucksvoll, was der Wille für eine bessere Zukunft vollbringen kann. Es rüttelt uns wach und macht Mut, sich für die bedürftigen Kinder in dieser Welt einzusetzen. Denn Kinder müssen beschützt werden. John McGurk ist darin ein Vorbild für uns alle.

Ihr David McAllister
Brüssel, Frühjahr 2019

INTRO

Ich kann mich an keinen wirklich glücklichen Moment
in meiner Kindheit erinnern.

Gaun yersel ma laddie![*]

Mein Name ist John Alexander McGurk. Ich bin am 21. Februar 1961 in Glasgow, Schottland, geboren. Das ist eine wichtige
Information. Zumindest für mich. Meine Geburtsurkunde hüte
ich wie einen Schatz. Sie ist meine einzige neutrale Erinnerung
an meine ersten Lebensjahre. Sie zeigt mir, dass es mich gibt. Sie
bestätigt mir immer wieder neu: Du bist auf die Welt gekommen
und du bist ein vollwertiger Mensch.

Die Geburtsurkunde ist das, was ich mit den meisten anderen
Menschen gemeinsam habe. Es eint uns.

Manchmal muss ich mich vergewissern, dass sie noch da ist,
dass ich noch da bin. Dann, wenn mich die Erinnerungen einholen. Dann, wenn ich an meine Vergangenheit denke und mir
Zweifel kommen, ob das alles wirklich passiert ist.

Ich komme aus Glasgow und ich liebe meine Heimat, den Dia-
lekt, den niemand außer uns Einheimischen wirklich versteht. Die
Highlands, die von Arbeit und Arbeitslosigkeit gezeichneten Menschen, die fiesen Midges[**], selbst das schottische Wetter und natürlich den traditionellen Kilt. Den trage ich oft. Bei offiziellen Anläs-

---

[*] »Junge, du schaffst das!« (Glaswegian).
[**] Mücken, die vor allem in Schottland vorkommen.

sen oder bei meinen Charity-Sport-Events. Mein Outfit erzeugt immer wieder Aufmerksamkeit. Bei einer Veranstaltung hat mich der ehemalige Bundespräsident Joachim Gauck gesehen und daraufhin kurz die vom Protokoll vorgesehene Route verlassen, sich zu mir durchgedrängelt und mit mir über Schottland gesprochen.

Das Kleidungsstück ist ein Zeichen meiner schottischen Identität. Früher konnte man anhand des Kilts feststellen, ob der Träger arm oder reich war. Reiche konnten sich Exemplare mit mehrfarbigen Karos leisten, arme Menschen trugen einfach karierte oder einfarbige Kilts. Ich hätte früher einen einfarbigen Kilt getragen. Ach was, ich hätte nie das Geld gehabt, um mir überhaupt einen Kilt zu kaufen.

Heute trage ich den Kilt mit Stolz. Er erinnert mich an meine Wurzeln und an meine Geschichte. Und ich trage ihn als schmerzhafte Erinnerung an das, was mir in meiner Heimat widerfahren ist. Gerade auf meinen Aktionen und Events, bei denen ich Geld für benachteiligte Kinder sammle, ist der Kilt für mich auch ein Mahnmal für all das Schreckliche in meinem Leben und steht stellvertretend für das, was vor allem die Menschen ausbaden müssen, die sich am allerwenigsten wehren können: die Kinder. Die Geschöpfe, die am schutzlosesten sind, hilflos und abhängig. Ich kämpfe für sie. Ich laufe für sie und ich rede für sie.

Ich weiß, wovon ich spreche, denn ich bin als Kind in Schottland durch die Hölle gegangen. Das ist keine Floskel, denn so stelle ich mir die Hölle tatsächlich vor. Und zwar vom Tag meiner Geburt an. Bei den meisten Menschen sind Erinnerungen an die Kindheit positiv besetzt. Selbst wenn es keine so schöne Kindheit war, hat man doch wenigstens einige Erlebnisse aus der Vergangenheit, an die man gern zurückdenkt und die ein gutes Gefühl wie Zufriedenheit, Geborgenheit und Schutz erzeugen. Das ist der Normalfall.

Bei mir war es nicht so. Ich kann mich an keinen einzigen Moment in meiner Kindheit erinnern, in dem ich wirklich und nachhaltig glücklich war. Klar habe ich auch mal gelächelt, mich gefreut oder eine Situation als schön empfunden, aber das Wort Glück hat für mich nicht existiert. Ich suche auch heute noch verzweifelt nach schönen Momenten in meinen ersten Lebensjahren, aber da ist immer nur ein tiefes schwarzes Loch und sonst nichts.

ICH KANN MICH AN KEINEN WIRKLICH GLÜCKLICHEN MOMENT IN MEINER KINDHEIT ERINNERN.

Ich habe meine Geschichte schon oft erzählt und nun schreibe ich sie auf. Nicht, um mich selbst zu bemitleiden oder um Mitleid von anderen Menschen zu bekommen. Nein, ich werde nicht müde, diese Geschichte zu erzählen, damit andere Kinder nicht dasselbe Schicksal erleiden müssen wie ich. Ein Schicksal voller Armut, Misshandlung und Hoffnungslosigkeit. Ich möchte für sie leuchten.

Meine Geburtsurkunde hilft mir dabei. Und viele andere Aufzeichnungen, die ich in den letzten Jahren mühevoll zusammengesucht habe und die beweisen, dass es stimmt: All die schlimmen Erlebnisse haben stattgefunden. Ohne die Aufzeichnungen vom schottischen Kinderschutzbund hätte ich mir selbst nicht geglaubt. Aber diese vielen Hundert Seiten beruhigen mich, auch wenn sie ein Armutszeugnis für unsere Welt sind.

Ich weiß, dass ich in Anbetracht der weltweiten Kinderarmut ein relativ kleines Licht bin. Aber ich könnte es mir nie verzeihen, wenn ich nicht mit all der Kraft, die ich zur Verfügung habe, strahlen und andere mit meiner Strahlkraft anstecken würde.

Ich erzähle diese Geschichte auch, weil ich ganz fest daran glaube, dass es möglich ist, diesem Schicksal zu entfliehen. Als Kind oder als Erwachsener. Das habe ich selbst erlebt und es macht mich unheimlich dankbar.

Eigentlich dürfte ich gar nicht mehr leben. Normalerweise dürfte ich auch nicht so ein lebensfroher Mensch sein, der dankbar ist und voller Leidenschaft. Der das Privileg hat, so viele tolle Menschen um sich herum zu haben. Die Wendepunkte in meiner Geschichte geben mir die Kraft, immer wieder davon zu erzählen und nicht müde zu werden, mich in aller Welt für Kinderrechte und Kinderschutz einzusetzen.

Es ist völlig egal, ob ein Junge in den südafrikanischen Slums als Straßenkind lebt und sein Weg scheinbar direkt Richtung Abgrund zeigt oder ob ein Mädchen in Berlin-Lichtenberg sozial vernachlässigt aufwächst und schon in der Grundschule als gescheitert abgestempelt wird.

Es ist egal, welche Hautfarbe diese Kinder haben, wo sie herkommen und weshalb sie in dieser Situation sind. Es sind Kinder und sie haben die Chance auf ein gutes Leben verdient. Deshalb laufe ich. Deshalb werde ich nicht müde, darüber zu erzählen, und deshalb freue ich mich unheimlich, dass Sie dieses Buch lesen.

Ich lade Sie ein, mit mir auf eine Reise zu gehen. Auf die Reise durch mein Leben. Dabei geht es nicht nur um mich, sondern um viele Menschen, die mein Leben behindert und bereichert haben. Und wissen Sie was: Es geht dabei auch um Ihr Leben. Wahrscheinlich haben Sie eine entspanntere Vita als ich, zumindest hoffe ich das. Aber wir sitzen trotzdem alle im selben Boot. Wir leben gemeinsam auf diesem Planeten und sind mit dafür verantwortlich, dass das Zusammenleben gelingt.

Und damit noch einmal: Fáilte!*

---

* »Willkommen« (Schottisch).

01

DER HIMMEL INTERESSIERT SICH NICHT FÜR MICH

Mir wurde bewusst,
dass ich allein war.
Dass sich niemand für
mich interessierte.

Meine Geschichte beginnt im etwas heruntergekommenen Glasgow der Sechzigerjahre. Die Wirtschaftskrise hatte die Hafenstadt in den westlichen Lowlands fest im Griff und die Arbeitslosenquote war enorm hoch. Viele Männer griffen aus Frust zur Flasche, auch mein Vater – und das nicht zu knapp. Meine sieben Geschwister und ich haben unseren Daddy meistens betrunken und frustriert erlebt. Und trotzdem liebte ich ihn. Kinderherzen sind bereit, zu vergeben und schnell zu vergessen. Meine Mutter gab ihr Bestes, um uns zu versorgen. Um uns herum ging es den Menschen nicht besser als uns. Deshalb hielten die Einwohner in unserer Siedlung zusammen. Eine Art Kodex unter den Armen in Schottland der damaligen Zeit lautete:»Auch wenn du fast nichts hast, teile mit deinem Nächsten.« Das ist ein schottisches Phänomen. Nach links und rechts schauen, teilen und sich für das Schicksal des anderen interessieren. Das hat uns in vielen Situationen geholfen. Mir fällt die Formulierung»Hart, aber herzlich« ein, wenn ich den Menschenschlag beschreiben soll. Wobei das fast zu romantisch klingt und ich **HART** groß und fett gedruckt schreiben muss und herzlich etwas kleiner.

Natürlich gab es in unserer Gegend am Stadtrand von Glasgow nicht nur ehrbare Leute, sondern auch viele Kleinkriminelle und schwerere Delikte waren keine Seltenheit. Jugendgangs machten die Straßen unsicher. Rivalisierende Straßenbanden kontrollierten ihre Reviere. Wer dazugehörte, wurde beschützt. Wenn man aber in einer fremden Ecke unterwegs war, wurde es sehr gefährlich. Da wurde ich hineingezogen. Mehrmals. Als Jugendlicher sowieso, davon berichte ich noch im Laufe meiner Geschichte, aber auch schon als Kind. Einmal wurde ich von einem Gewehr am Bauch getroffen. Ich weiß nicht mal, ob die Kugel mir gegolten hat oder nicht. Die Narbe habe ich heute noch.

In unserem Gebiet verließen sich die Menschen nicht auf die Polizei, sondern nahmen es selbst in die Hand, Recht und Gerechtigkeit auszuüben. Wenn ich mit meinen Freunden unterwegs war, mussten wir gut aufpassen, mit wem wir uns einließen und mit wem nicht. Einige bittere Erfahrungen lehrten mich, schnell misstrauisch zu werden. Eine davon war diese:

Als ich sieben Jahre alt war und mit einigen meiner Kumpels in einem Geschäft rumhing, sprach uns ein junger Mann an: »Hey, ich will in die Stadt fahren. Kommt doch mit. Ich bezahle eure Bustickets und kaufe euch was zu essen.«

Das lassen sich Jungs mit viel Langeweile und hungrigem Magen nicht zweimal sagen. Ich hatte zwar ein ungutes Gefühl bei der Sache, aber die Aussicht

KINDERHERZEN SIND BEREIT, ZU VERGEBEN UND SCHNELL ZU VERGESSEN.

auf ein unverhofftes Mittagessen zerschlug alle Zweifel. Also stiegen wir mit dem Mann in den Bus und fuhren los.

Als wir im Zentrum von Glasgow ausstiegen, musste ich erst mal einen Moment innehalten. Ich kannte die schottische Hauptstadt zwar, aber jedes Mal brauchte meine Seele ein wenig, um die vielen Eindrücke und Gerüche zu verarbeiten. Wie so oft regnete es und der Wind pfiff durch die Straßen. Unterschiedliche Geschäfte reihten sich nebeneinander, aber irgendwie sahen sie trotzdem alle gleich aus. Es war so, als wäre die ganze Stadt mit einem grauen Filter überzogen.

Menschen hasteten an mir vorbei, rempelten mich an und fluchten. Ich stand mitten auf dem Gehweg und wünschte mir in diesem Moment, dass ich inmitten dieser Menschenmassen die

Hand meiner Mutter oder meines Vaters greifen könnte, etwas Vertrautes, etwas, das mir Sicherheit gab. In diesem Moment griff tatsächlich jemand nach meiner Hand. Es war Davy, einer meiner Kumpels, der mich aus meinen Gedanken riss. »John, komm mit«, sagte er und zog mich um die nächste Straßenecke. Die anderen waren schon vorausgegangen und wir mussten rennen, um nicht den Anschluss zu verlieren. Der Mann lotste uns durch verschiedene Seitenstraßen, sodass ich die Orientierung verlor, und stoppte vor einigen Geschäften. Dann sagte er: »So, ihr geht da jetzt rein und stehlt ein paar Sachen für mich. Wenn ihr das nicht tut, dann lasse ich euch hier. Ihr werdet nicht zurückfinden.«

Sein Tonfall war überhaupt nicht mehr freundlich, sondern hart, und mir wurde in diesem Moment bewusst, dass er uns reingelegt hatte. Eine kurze Zeit waren wir alle wie gelähmt. Ich wechselte einige Blicke mit meinen Freunden. Was jetzt? Ich spürte intuitiv, dass wir alle unsicher waren. Einer meiner Kumpels wollte weglaufen, besann sich jedoch. Meine Gedanken rasten. Ich war es auch als kleiner Junge gewohnt, allein Entscheidungen treffen zu müssen, und selbst extreme Situationen waren mir nicht fremd. Niemand kümmerte sich den lieben langen Tag um mich, und wenn ich meinen Eltern auffiel, dann nur wenn ich etwas angestellt hatte. Schon früh entwickelte ich ein Gespür für Situationen, in denen es ernst wurde. So wie diese.

Meine Intuition sagte mir in diesem Moment: »Mach das nicht! Selbst wenn du etwas klaust, dem Mann kannst du nicht vertrauen. Du wirst sicher nichts zu essen bekommen. Hau ab.«

Für diesen Typen würde ich nicht stehlen, das war mir klar. Die anderen Jungs ließen sich auf den Handel ein, nur ich weigerte mich und lief davon. Ich lief und lief, immer weiter, an Häusern und Geschäften vorbei, durch Seitenstraßen und Hinterhöfe, bis ich nicht mehr konnte.

Obwohl ich schon früh gelernt hatte, auf mich selbst aufzupassen, war ich immer noch ein kleiner Junge, der mit dieser Situation absolut überfordert war. Und nun stand ich da und weinte. Aus Angst und Wut. Weil mir in solchen Momenten bewusst wurde, dass ich allein war. Dass sich niemand für mich interessierte.

Ich hatte dem Mann, der uns nach Glasgow gelotst hatte, vertraut und er hatte mein Vertrauen missbraucht. Ich blickte in den grauen Himmel. Meine Tränen mischten sich mit dem Nieselregen. Ich schaute nach oben und wusste: Selbst der Himmel interessiert sich nicht für mich.

Ich hatte kein Geld, niemanden, der mich vermisste, und immer noch Hunger. Verzweifelt kauerte ich mich in eine Häuserecke zwischen die Mülltonnen und weinte weiter. Ich weiß nicht, wie lange ich dort saß. Irgendwann fanden mich zwei Frauen, die Mitleid mit mir hatten und dafür sorgten, dass ich zu einer Bushaltestelle kam. Sie kauften mir ein Busticket und ich machte mich auf die Heimfahrt. Hungrig, völlig durchnässt und niedergeschlagen saß ich im Bus.

IN SOLCHEN MOMENTEN WURDE MIR BEWUSST, DASS ICH ALLEIN WAR. DASS SICH NIEMAND FÜR MICH INTERESSIERTE.

Wenn ich darüber nachdenke, kommt mir ein Satz in den Sinn, den der schottische Kinderschutzbund bei seinen regelmäßigen Besuchen über mich vermerkt hat. Dort steht: »John McGurk ist blass, er übergibt sich oft, hat keine vernünftige Bekleidung.« Und ich ergänze in Gedanken: »Die Chancen auf eine vernünftige Zukunft liegen bei 0,0 Prozent.«

Als der Bus um die Ecke bog, entdeckte ich in der Ferne unser Haus. Es war klein und sah genauso aus wie die Gegend drumherum. Trostlos. Wenn ich mich anstrengte, konnte ich das kleine Fenster erkennen, unter dem das Bett stand, das ich mir mit meinen beiden jüngeren Brüdern teilte. Insgesamt gab es drei Betten im Kinderzimmer für uns acht.

Ich stieg aus und näherte mich dem Eingang. Dass mich jemand vermissen würde, war unwahrscheinlich. Mein Vater hielt sich die meiste Zeit im Pub auf und meine Mutter war viel zu sehr damit beschäftigt, etwas Essbares aufzutreiben. Auch sie kümmerte sich nicht oft um uns. Sie war einfach überfordert. Mit drei Jahren erkrankte ich an Ruhr, eine Auswirkung dieser kindlichen Verwahrlosung. Ich trank schmutziges Wasser, lebte in einem schmutzigen Haus und auf körperliche Hygiene wurde nicht viel Wert gelegt.

Das waren nur die äußerlichen Schwierigkeiten, mit denen meine Geschwister und ich klarkommen mussten. Unser komplettes häusliches Leben fand innerhalb weniger Zimmer statt. Das soziale Miteinander war eine Katastrophe. Mein Vater schlug meine Mutter, während wir am Küchentisch saßen.

Uns schlug er nicht, sondern er strafte uns zumeist mit Missachtung, was sich für eine Kinderseele auch wie Schläge anfühlen kann. Immer wenn ein Konflikt zwischen meiner Mutter und meinem Vater im Anmarsch war, verzogen wir Geschwister uns ins Kinderzimmer. Die Wände waren zwar dünn wie Pappe, aber zumindest brauchten wir dann nicht mit anzusehen, wie meine Mutter von meinem Vater misshandelt wurde.

Es hielt mich wenig im Haus. Ich beschäftigte mich, so oft es ging, draußen und zog mit Freunden umher, vor allem mit Davy, Stevie und Jamie.

An einem Tag waren wir wieder mal sehr in unser Cowboy-spiel vertieft, wir schossen uns gegenseitig ab und fielen dann wie Stuntmen um. Da sah einer von meinen Freunden von Weitem seinen Vater, der mit einem weiteren Mann die Straße entlangging. Wir wollten ihn in unser Spiel miteinbeziehen, und mein Freund rief voller Hoffnung: »Daddy, wir spielen Cowboys. Kannst du uns abschießen?«

Wir lachten und liefen auf die beiden Männer zu. Sie kamen näher und ich merkte, dass sie stark alkoholisiert waren. Sie beachteten uns gar nicht. Wir gingen noch näher heran und mein Freund bat seinen Vater noch einmal, in unser Spiel einzusteigen. Unwillig winkte der Mann ab. Als mein Freund noch einmal zu seiner Bitte ansetzte, explodierte sein Vater und schrie uns an, dass wir uns zum Teufel scheren sollten. Wir rannten voller Angst davon. Ich spürte, wie mein kindliches Vertrauen immer mehr in sich zusammenfiel und mein Misstrauen gegenüber den Erwachsenen weiter wuchs.

Solche Erlebnisse waren dafür verantwortlich, dass ich den Glauben an das Gute verlor. Und damit den Glauben an mich selbst. Ich suchte die Schuld nämlich auch bei mir. Mehr noch, ich verbuchte ein solches Verhalten wie von meinem Vater oder anderen Menschen als normal, weil ich nichts anderes kannte.

Streit und böse Worte gab es an jeder Ecke und in unseren vier Wänden gab es besonders viel davon. Ich glaube, meine Eltern haben sich nie richtig geliebt. Ich habe mit ihnen nie darüber gesprochen, aber es gab keinerlei Zärtlichkeiten zwischen ihnen. Ich denke nicht, dass Armut Menschen generell ihrer Fähigkeit beraubt, zu lieben. Aber bei meinen Eltern war sie ein Grund für den Mangel an Zuneigung. Ich habe erst viel später erfahren, was wahre Zärtlichkeit überhaupt ist.

Obwohl meine Mutter als Bezugsperson für mich meilenweit vor meinem Vater lag, schaffte sie es nicht, mir Geborgenheit und Liebe zu vermitteln. Das ist eher eine nüchterne Feststellung als ein emotionaler Vorwurf, denn ich bin wirklich davon überzeugt, dass sie uns Kinder nicht mit böser Absicht vernachlässigt hat.

Warum ich mich so detailliert an meine Kindheit erinnern kann, erkläre ich mir so: All die Wunden, die mir als Kind und Jugendlicher zugefügt wurden, hinterließen einen Schatten in meiner Erinnerung. Diese Schatten hat mein Unterbewusstsein weggesperrt in einen Raum, zu dem ich lange Zeit keinen Schlüssel hatte. Doch die Schatten können den Raum verlassen und in den unpassendsten Augenblicken in mein Bewusstsein dringen. Das sind die Momente, in denen mich starke Gefühle der Traurigkeit und der Dankbarkeit treffen.

Traurigkeit über das, was passiert ist, und über die schreckliche Gewissheit, dass es unzähligen Kindern heute genauso geht. Und Dankbarkeit darüber, dass ich diesem Teufelskreis entronnen bin und ein Leben leben darf, das von Hoffnung genährt ist und nicht von Traurigkeit.

DER KINDERSCHUTZBUND HAT UNS REGELMÄSSIG BESUCHT: WIR WAREN EINE PROBLEMFAMILIE.

Seit einiger Zeit habe ich allerdings etwas, womit ich die Gedanken an meine Kindheit kontrollieren kann: Aufzeichnungen des schottischen Kinderschutzbundes, die detailliert und sachlich dokumentieren, was in unserer Familie los war. Am

27. Februar 1964 steht da sehr förmlich in Schreibmaschinenschrift:

```
Mother complains of father beating her
unconscious - 7mth pregnant - drinking
to excess(4 children) - father put
mother and children out of home.

Mutter klagt, dass Vater sie bewusstlos
schlägt - schwanger im 7. Monat - Alko-
holmissbrauch (4 Kinder) - Vater wirft
Mutter und Kinder aus dem Haus.
```

Es klingt komisch, aber meistens hilft mir vor allem die Sachlichkeit der Sätze, eine gewisse Distanz zu den Geschehnissen zu bekommen. Sie gibt mir das Gefühl, ein bisschen mehr Kontrolle über mein Unterbewusstsein zu haben.

Bei diesem Eintrag überkommt mich jedoch die dunkle Macht der Erinnerungen wie eine große Welle. Hier wird mit wenigen Worten eine Familien- und Kindheitszerstörung beschrieben. Schwanger, bewusstlos geschlagen, Alkoholmissbrauch, Kinder und Frau aus dem Haus geworfen. Bedarf es noch mehr, um zu beschreiben, was Elend bedeutet?

Ich habe die starke Gewissheit, dass mir diese Unterlagen nicht zufällig in die Hände gefallen sind. Im Jahr 2016 habe ich einen Lauf für das schottische Kinderhilfswerk »Childrens 1st – Scotlands National Childrens Charity« organisiert und durchgeführt. Zu meiner großen Überraschung stellte sich heraus, dass diese

Organisation der Kinderschutzbund von damals ist. Ich bin aus allen Wolken gefallen: Meine Vergangenheit hatte mich gefunden. So kam ich an die ersten Unterlagen. Und dann habe ich nicht mehr lockergelassen. Ich habe weitergeforscht und immer Unterlagen entdeckt.

Diese Berichte decken sich zu einem großen Teil mit meinen Erinnerungen. Der Kinderschutzbund hat uns regelmäßig besucht. Er war in unserem Viertel Stammgast, denn hier gab es viele Problemfamilien. Häusliche Gewalt war an der Tagesordnung, auch bei uns.

Die Unterlagen helfen mir außerdem, meine Erinnerungen etwas besser in den Griff zu bekommen. Sie ordnen meine Gedanken und Gefühle. Immer wenn ich die Berichte lese, ist es, als hätte ich den Schlüssel zu dem Raum voller Schatten in der Hand und könnte nun selbst kontrollieren, wann und wie mich die Erinnerungen einholen. Das verursacht immer noch Schmerzen und ich muss behutsam sein. Manchmal kann ich die Tür nur einen Spaltbreit öffnen und vorsichtig hindurchschauen. Wenn ich genug habe, lege ich die alten Dokumente einfach weg und schließe die Tür wieder zu.

Nachdem mein Vater uns rausgeworfen hatte, waren wir vorübergehend in der Obhut der Stadt. An diese Zeit erinnere ich mich nicht mehr. Irgendwann kehrten wir wieder nach Glasgow zurück, denn unsere Verwandten hatten ihre eigenen Probleme und konnten eine so große Familie nicht lange aufnehmen.

Sehr genau erinnere ich mich allerdings an die Momente, in denen ein Wutausbruch meines Vaters kurz bevorstand. Ich spürte immer deutlich, dass die Stimmung aggressiv wurde. Wir

Kinder schlossen uns dann meist in unserem Zimmer ein und saßen angstvoll zusammen.

Einmal fing meine ältere Schwester Mary an, zu weinen. Ich sagte zu ihr: »Mary, wenn du nicht weinst, dann weine ich auch nicht.«

Kinderlogik, aber es wirkte. Mary steht mir immer noch ziemlich nahe. Sie war mein Anker in dieser ersten Zeit meines Lebens.

Neben Mary habe ich noch einen älteren Bruder, Joseph. Nach mir kamen Margret, Collin, William (Billy), Helen und Jean.

Als Geschwister hielten wir zumindest in den ersten Jahren meines Lebens zusammen und gaben uns Halt. Wir konnten uns aufeinander verlassen. Einmal war ich mit zwanzig Pence unterwegs zum Bäcker. Ich wollte mir ein Milchbrötchen kaufen.

Ich weiß nicht mehr, woher ich das Geld hatte, auf jeden Fall hielt ich es fest in meiner Hand umklammert. Zwanzig Pence! Das war ein großer Schatz für mich. Kurz vor der Bäckerei nahmen mich allerdings zwei ältere Jungs in die Zange. Obwohl ich möglichst unauffällig wirken wollte, sah man mir wohl schon von Weitem an, dass ich unverhofften Reichtum bei mir trug.

Sie rempelten mich an. Ich ließ mich nicht beirren und ging weiter. Dann attackierten sie mich heftiger. Einer sagte: »Ey Kleiner, zeig mal, was du da in deiner Hand hast.«

Ich ging schneller. Zur Bäckerei war es nun nicht mehr weit. Da stellte mir einer der Jungen ein Bein und ich fiel der Länge nach hin. Das Geld hielt ich immer noch fest umklammert.

Gerade als die beiden Jungs sich auf mich stürzen wollten, hörte ich einen gellenden Schrei und sah, wie mein kleiner Bruder Billy auf uns zugeschossen kam. Er hatte die Szene beobachtet und wollte mir helfen. Die großen Jungs waren ziemlich überrascht und ließen kurz von mir ab. Doch dann merkten sie, dass der unverhoffte Helfer ja noch kleiner war als ihr Opfer, und so verprügelten sie uns beide. Leider nahmen sie mir auch das Geld ab. So wurde es nichts mit dem Milchbrötchen.

Trotzdem war ich ziemlich stolz auf meinen kleinen Bruder. Ohne auch nur eine Sekunde zu zögern, war er mir zu Hilfe geeilt.

Wir Geschwister waren eine Zweckgemeinschaft, aber wir unterstützten uns gegenseitig. Wir hörten, wie mein Vater fluchte und wie meine Mutter weinte. Wir hielten uns die Ohren zu, wenn mein Vater randalierte, besonders am Abend, wenn wir im Bett lagen. Irgendwann wurde es immer still und wir schliefen ein.

Ich wuchs trotz aller Widrigkeiten des Lebens heran, war mittlerweile mit allen Wassern gewaschen und schlug mich irgendwie durch. Das Leben zwang mich kleinen Jungen zwar immer wieder in die Knie, aber ich war schon damals ein Kämpfer und nicht bereit, mich geschlagen zu geben.

Doch dann kam der 30. Juli 1970. Dieses Datum wurde, mit freundlicher Unterstützung der Aufzeichnungen des Kinderschutzbunds, in mein Herz tätowiert.

Ich war neun Jahre alt und eigentlich war es ein Sommertag wie jeder andere. Mein Vater verbrachte viel Zeit im Pub und meine Mutter versuchte, etwas zu essen zu besorgen. Bei einer Nachbarin wurde sie fündig. Sie lieh sich Geld und kaufte ein Hähnchen. Das bereitete sie meinem Vater zu. Als er kam, aß er es, ohne sie eines Blickes zu würdigen.

Mein Magen knurrte, wusste ich doch, dass meine Mutter für uns nichts mehr in der Hinterhand hatte. Deshalb fragte ich: »Daddy, darf ich etwas von dem Hähnchen essen?«

Er antwortete nicht und aß einfach weiter. Da ich mitten im Wohnzimmer saß, kroch ich zu meinem Vater, legte meine Hände auf seine Knie und fragte ihn noch mal, ob ich etwas von seinem Essen probieren dürfte.

In diesem Moment brannten bei meinem Vater alle Sicherungen durch. Vielleicht wurde ihm seine ganze Situation bewusst: Die Perspektivlosigkeit, die Armut und die Tatsache, dass er Kinder hatte, für die er keinerlei Verantwortung übernahm. Vielleicht war er auch einfach nur betrunken. Jedenfalls explodierte er, schubste mich weg und schrie mich an: »Willst du es haben, willst du es haben?« Dann hob er seinen Teller hoch und warf ihn mit voller Wucht gegen die Wand. »Hier ist es. Hol es dir!«

Essensreste spritzten auf den Fußboden. Ich war starr vor Angst und zitterte am ganzen Körper. Schnell kam meine Mutter zu mir und legte schützend ihre Arme um mich. Mein Vater brüllte weiter, während er sich uns näherte. Er beugte sich zu uns runter und schrie aus Leibeskräften.

Meine Mutter weinte und flehte: »Bitte nicht, bitte nicht!«

DANN WARF MEIN VATER SEINEN TELLER MIT DEM ESSEN MIT VOLLER WUCHT GEGEN DIE WAND.

Er holte zum Schlag aus, hielt dann aber in der Bewegung inne, drehte sich wortlos um und ging Richtung Tür.

Ich lief ihm hinterher, denn trotz allem liebte ich meinen Vater sehr. Aber er schubste mich weg wie ein lästiges Anhängsel, ohne mich anzusehen. Die Tür knallte ins Schloss. Meine Mutter weinte leise. Dieses Erlebnis war für sie viel schlimmer als die vielen Schläge, die sie einstecken musste, denn dieses Mal musste sie mit ansehen, wie ihr Sohn von seinem Vater verstoßen wurde.

Ich habe dieses Erlebnis eher als eine logische Folge von dem abgespeichert, was ich sowieso jeden Tag gespürt habe. Dieses Desinteresse an mir und meinen Geschwistern lag täglich in der Luft. Dass ich meinen Vater trotzdem liebte, liegt wohl daran, dass ich nichts anderes kannte. Wenn ein Kind keine liebevolle Beziehung zu den Eltern erlebt, dann geht es davon aus, dass es das Normalste von der Welt ist, wenn der eigene Vater mit dem Essen um sich schmeißt. Ich war eher traurig darüber, dass er mir nichts von seinem Essen abgeben wollte. Doch dann passierte etwas Schreckliches.

»John, komm her«, sagte meine Mutter fast tonlos. Ich lief zu ihr und sie zog mich auf ihren Schoß. Ich sah, dass ihr Gesicht tränenüberströmt war. Sie sah mich an und sagte dann etwas, was sich tief in meine Seele einbrannte: »Mein Sohn, ich kann nicht mehr, ich weiß nicht, wie lange ich das alles noch aushalte. Vielleicht werde ich einfach weglaufen.«

Damals, als kleiner Junge, konnte ich nicht fassen, was sie da gerade gesagt hatte. Doch wenig später musste ich erleben, wie es sich anfühlt, wenn eine verzweifelte Mutter ihre Kinder verlässt. Ohne die Perspektive auf Wiederkehr und ohne einen Abschied. Dieser Moment hat sich so stark in meine Seele eingebrannt, weil es einer der sehr wenigen Momente war, in denen sich zwischen meiner Mutter und mir so etwas wie eine liebevolle Mutter-Sohn-Geste anbahnte. Doch die Härte ihrer Aussage zerstörte diesen Moment fast im gleichen Augenblick und traf mich mit unvorhersehbarer Wucht.

Ich verließ das Haus und rannte los wie damals im Zentrum von Glasgow. Ich konnte nicht weinen oder schreien. Ein Taubheitsgefühl durchzog meinen ganzen Körper und es kam mir so vor, als würde sich ein schwerer Stein auf mein Herz legen. Dieser Stein machte viele Jahre lang keinerlei Anstalten, sich auch nur einen Millimeter vom Fleck zu bewegen. Ich blickte nach oben. Das tat ich oft, weil ich mir von irgendwoher Hilfe erhoffte. Von Gott oder von irgendjemand anderem, der mich und mein Leid sah. Sehen musste. Aber über mir erblickte ich nur den grauen, schottischen Himmel. Wolkenverhangen und trostlos.

In diesem Moment war ich mir wieder einmal sicher: Nicht mal der Himmel interessiert sich für mich.

Meine Mutter floh nach Irland. Ohne uns. Und diesmal war es endgültig.

02

AUS-
EINANDER-
GERISSEN

Ich glaube,
für solche Momente
wurde der Begriff
»mutterseelenallein«
erfunden.

»Mummy?«

Am nächsten Morgen kam es mir so vor, als wären die gestrigen Ereignisse ein böser Traum gewesen. Bestimmt saß meine Mutter jetzt gerade in der Küche wie an jedem Morgen, rauchte eine Zigarette und trank eine Tasse Tee.

Ich flüsterte noch einmal: »Mummy?«

Um meine Geschwister nicht zu wecken, kletterte ich leise aus dem Bett, öffnete langsam die Tür und sah voller Erwartung in die Küche. Niemand da. Meine Eltern schliefen im Wohnzimmer, also versuchte ich es dort. Die Hoffnung, alles nur geträumt zu haben, verließ mich in dem Moment, als ich sah, dass der Platz, auf dem meine Mutter immer schlief, leer war. Nur mein Vater lag da, ich hörte ihn leise schnarchen. Ich schloss die Tür und setzte mich an den Küchentisch. Die Stille in unserem Haus war unerträglich und so summte ich das bekannte schottische Volkslied »Auld lang syne«. Ich habe es damals geliebt und ich liebe es noch heute. Meine Mutter hatte es uns Kindern manchmal vorgesungen.

»Mmmh mmmh …«, summte ich. Dann begann ich, leise zu singen:

For auld lang syne, my jo
For auld lang syne
We'll tak' a cup o' kindness yet
For auld lang syne

Ich schloss die Augen und stellte mir vor, dass meine Mutter mit mir am Küchentisch saß und mitsang. Ich schluchzte und sang leise weiter.

For auld lang syne, my jo
For auld lang syne
We'll tak' a cup o' kindness yet
For auld lang syne

Dann hörte ich, wie mein Vater wach wurde. Er kam in die Küche und setzte sich mir gegenüber. Mit leerem Blick und hängenden Schultern sah er mich an. Er sagte nichts, starrte nur.

»Wo ist Mummy?«, fragte ich ihn nach einer Weile. Er antwortete nicht. Wir schwiegen weiter.

Dann fragte ich noch einmal. »Wo ist Mummy?« Er beugte sich über den Tisch, packte mich an den Schultern und brüllte: »Sei still!«

Sein Blick blieb leer. Ich fühlte mich wie gelähmt.

Meine Geschwister wurden durch den Lärm geweckt und kamen in die Küche. Sie ahnten noch nicht, dass meine Mutter verschwunden war. Mein Vater schickte uns alle ins Wohnzimmer auf die Couch. Er selbst blieb stehen, wirkte auf einmal fahrig und nervös. Dann sagte er mit zitternder Stimme: »Hört jetzt genau zu, was ich euch zu sagen habe. Eure Mutter ist abgehauen, weggelaufen!«

Entsetzen machte sich auf den Gesichtern meiner Geschwister breit und sie fingen an zu weinen.

»Ruhe!«, brüllte mein Vater. »Eure Mutter ist nach Irland gegangen. Aber glaubt mir, ich finde sie und dann kann sie was erleben.«

Das war genug für mich.

Ich sprang auf und lief aus dem Haus. Wieder einmal. Fort von meinen weinenden Geschwistern, meinem brüllenden Vater.

Einfach weg. Laufen war damals meine Form des Protests und des Widerstands, auch wenn mir bewusst war, dass es nicht das Geringste an meiner Situation änderte.

Laufen ist immer noch meine Form des Widerstandes. Mittlerweile laufe ich nicht mehr vor Problemen davon, sondern ich laufe, um Probleme zu bekämpfen. Ich laufe für die Rechte von Kindern, die Ähnliches durchmachen wie ich damals. Ich laufe, weil ich weiß, dass Kinder nicht in der Lage sind, sich zu helfen. In allen Ländern dieser Erde, sogar in allen Städten dieser Welt gibt es schutzbedürftige und hilflose Kinder, die schrecklichen Umständen ausgesetzt sind, denen sie niemals ohne fremde Hilfe entkommen können. Genau jetzt in diesem Moment erleben Kinder Schreckliches. Und sie können nichts dafür. Deshalb laufe ich. Mit vielen tollen Menschen an meiner Seite habe ich das Ziel, diesen Kindern zu helfen.

ICH GLAUBE, FÜR SOLCHE MOMENTE WURDE DER BEGRIFF »MUTTERSEELENALLEIN« ERFUNDEN.

Damals lief ich den ganzen Tag ziellos umher, bis es dunkel wurde. Ich fiel niemandem auf, mich vermisste auch niemand. Trotzdem kehrte ich am Abend nach Hause zurück, mit Seitenstechen und knurrendem Magen. Es war trotz allem mein Zuhause. Als ich die Tür öffnete, war es still. Aus unserem Zimmer war leises Schluchzen zu hören. Meine Geschwister lagen bereits im Bett. Mein Vater betrank sich im Pub und ich war froh, ihm nicht über den Weg laufen zu müssen. Ich legte mich ins Bett und starrte an die Decke.

Stille.

Zwischendurch nur ein Schluchzen und Schniefen meiner Geschwister. Dann wieder Stille. Ich glaube, für solche Momente wurde der Begriff »mutterseelenallein« erfunden. Irgendwann schlief ich ein.

In dieser Nacht hatte ich das erste Mal einen Traum, an den ich mich bewusst erinnern kann und den ich nie vergessen werde. Ich erwähne das, weil mich Träume seit dieser Nacht begleiten und sich wie ein roter Faden durch meine Geschichte ziehen. Sie haben mein Leben geprägt. Ich behaupte sogar: Träume sind dafür mitverantwortlich, dass ich noch lebe. Träume sind der Grund, warum ich nicht den allerletzten Funken Hoffnung verloren habe. Und Träume sind der Auslöser für all das, was ich aktuell mache.

Glauben Sie mir, ich bin wahrhaftig kein Traumtänzer. Kein Spinner, der leichtfertig etwas überinterpretiert. Ich bin auch kein Experte im Bereich der Traumdeutung und weit davon entfernt, meine Träume und die dazugehörigen Auswirkungen zu verallgemeinern. Ich habe das harte Leben kennengelernt und war selbst am meisten überrascht, dass Träume einen so wichtigen Platz in meinem Leben einnehmen.

Ich werde im Laufe meiner Geschichte noch detaillierter beschreiben, wie genau ich meine Träume einordne und warum ich meinen Träumen einen so hohen Stellenwert zukommen lasse, für den Moment ist nur eine Info wichtig, um diesen ersten Traum richtig einzuordnen:

Träume sind für mich Wegweiser der Hoffnung. Visionen, die Wirklichkeit geworden sind – anders als ich es mir jemals hätte vorstellen können, aber sie haben sich erfüllt.

In meinem ersten Traum, in der Nacht nachdem uns meine Mutter verlassen hatte, erschien mir ein Engel. Er hatte weder Flügel noch trug er ein weißes Gewand. Ich weiß nicht mehr, wie er aussah und ob es ein Mann oder eine Frau war. Aber ich spürte, dass diese Person oder dieses Wesen eine Ruhe ausstrahlte, die ich bisher noch nicht erlebt hatte. Normalerweise machten mich andere Personen in meinem Umfeld nervös. Sie bedeuteten Stress, Gefahr und nur in den seltensten Fällen etwas Positives. Doch selbst wenn, ging von ihnen eine gewisse Hektik aus.

Dieses Mal war es anders. Ich spürte die Ruhe und es war, als ob mich der Engel auf die Stirn küsste, mein Gesicht streichelte und mir zuflüsterte: »John, mein Sohn, es wird alles gut!«

ICH BEHAUPTE SOGAR: TRÄUME SIND DAFÜR MITVERANTWORTLICH, DASS ICH NOCH LEBE.

Neben der Ruhe spürte ich eine starke Vertrautheit. Ein warmes Gefühl durchzog meinen ganzen Körper und trotz aller Dunkelheit, die meine Seele umgab, spürte ich das erste Mal so etwas wie Frieden. Auch wenn dieses Gefühl nur bis zu dem Moment des Aufwachens anhielt, der Gedanke an meinen Traum gab mir die Kraft, durchzuhalten.

Der tägliche Trubel im Kampf ums Überleben ging weiter, doch erschwerend kam nun hinzu, dass meine Mutter, die sich sonst immer um unser Essen gekümmert hatte, nicht mehr da war. Dadurch hatten wir ein Versorgungsproblem, denn mein Vater veränderte seinen Tagesablauf nicht. Er ging morgens in den Pub und kam am Abend betrunken nach Hause.

In dieser ersten Zeit ohne meine Mutter erwies sich der Zusammenhalt in unserem Stadtteil als unsere Rettung. Als unsere Nachbarn mitbekamen, dass Mummy weg war, fütterten sie uns trotz ihrer bescheidenen Mittel mit durch.

Wir kämpften uns von Tag zu Tag durch und irgendwie gelang es uns, zu überleben. Unsere Mummy vermissten wir sehr. Ich weiß nicht genau, ob mein Vater meine Mutter auch vermisste oder ob er einfach sauer über ihr Verschwinden war. Wahrscheinlich eher Letzteres. Trotzdem bemerkte ich eine kleine Veränderung in seinem Verhalten. Mit der Zeit war er nicht mehr so schroff zu uns. Er schrie weniger und rastete nicht mehr wegen jeder Kleinigkeit aus.

Und eines Tages deckte er für uns sogar den Frühstückstisch. Das überraschte meine Geschwister und mich so sehr, dass wir erst einmal keinen Bissen herunterbrachten, obwohl wir alle hungrig waren. Da ich die ersten Jahre meines Lebens keine Ahnung hatte, wie sich der liebevolle Blick eines Vaters anfühlt oder wie ein Lob in den Ohren eines Sohnes klingt, empfand ich dieses Frühstück als absolute Zuneigung. Ich hielt es für den Höhepunkt meiner Kindheit. Für einen Moment dachte ich: »Der Engel in meinem Traum hatte recht! Alles wird wieder gut! Mummy kommt wieder, wenn mein Vater jetzt sogar schon das Frühstück macht. Oder vielleicht ziehen wir zu Mummy nach Irland.«

Mein Vater bestärkte meine Hoffnungen, indem er uns Kinder noch am gleichen Tag darüber informierte, dass er nach Irland fahren würde, um meine Mutter zu suchen. Ich hätte fast vor Freude geschrien, denn nun würde tatsächlich alles gut.

Wurde es nicht. Im Gegenteil.

Mein Vater war noch nicht fertig. Er druckste herum. »Also, ihr Kinder könnt natürlich nicht mitkommen. Und alleine zu Hause bleiben könnt ihr auch nicht.«

Er machte eine Pause und atmete schwer ein.

»Also, ich werde euch … Ich muss euch leider in ein Kinderheim geben.«

Stille.

Die Worte sickerten langsam in mein Bewusstsein. Eigentlich war es nur ein Wort: Kinderheim!

Mein Vater schob schnell nach: »Ich verspreche euch, es wird nur für eine ganz kurze Zeit sein. Dann hole ich euch wieder ab.«

Wieder Stille.

Dann brachen bei uns Kindern alle Dämme. Wir schrien und weinten durcheinander:

»Nein, Daddy!«

»Bitte nicht!«

»Wir wollen nicht in ein Heim!«

»Wir können auch alleine auf uns aufpassen. Bitte nicht! Nein!«

Ich hatte wieder den Impuls, wegzulaufen, aber mein Vater hielt mich dieses Mal am Arm fest und schrie uns an: »Hört auf! Hört bitte auf.« Ihm standen die Tränen in den Augen. »Ihr werdet morgen früh um zehn Uhr abgeholt.«

Damit schickte er uns auf unser Zimmer und schloss die Tür ab. Für diese Nacht engagierte er sogar einen Nachbarn, der sich vor unser Fenster stellte, damit wir nicht abhauten. Und diese Vorsichtsmaßnahme war tatsächlich notwendig, denn wenn es irgendeine Möglichkeit gegeben hätte, davonzulaufen, ich hätte es sofort getan.

ICH WAR WIE BETÄUBT UND WÜNSCHTE MIR, NIE MEHR AUFZUWACHEN.

Wir weinten so lange, bis wir vor Erschöpfung einschliefen. In dieser Nacht träumte ich nichts. Zumindest kann ich mich an nichts erinnern. Ich war wie betäubt und wünschte mir, nie mehr aufzuwachen.

Am nächsten Morgen hatte mein Vater wieder das Frühstück zubereitet. Er wirkte fahrig, hatte überhaupt nicht geschlafen und passte höllisch auf, dass niemand von uns abhaute. Immer wieder blickte er auf die Uhr. Wir redeten nicht mit ihm. Er zitterte am ganzen Körper und hatte seine liebe Mühe, nicht zusammenzubrechen.

Wir aßen alle keinen Bissen. Einige meiner Geschwister weinten noch immer. Oder schon wieder. Ohne Tränen, denn die waren längst versiegt. Auch wenn das, was wir Zuhause nannten, meilenweit von dem entfernt war, was andere Kinder glücklicherweise als normal empfinden, so gab es uns doch ein Stück Geborgenheit. Und das sollte uns jetzt genommen werden.

»Sie sind da!«

Mein Vater sah aus dem Fenster und klang fast erleichtert. Im selben Moment merkte er, dass es ein Fehler gewesen war, die Ankunft der Behörden- und Heimverantwortlichen anzukündigen, denn sofort war unser Kampfgeist wieder erwacht. Wir schrien und tobten. Die Angst vor dem Verlust unseres Zuhauses setzte immense Kräfte frei, und mein Vater hatte große Probleme, uns zusammenzuhalten.

Ich hörte Autotüren klappen. Es waren mehrere Stimmen, die zu uns ins Haus drangen. Meine Schwester Mary drängte sich in meinen Arm und flüsterte: »John, wir bleiben aber zusammen, oder!?«

Der Satz ließ mich aufhorchen. Mir wurde plötzlich heiß und kalt. Daran hatte ich ja noch gar nicht gedacht! Würden wir alle zusammen in einem Heim unterkommen? Bisher war das für mich sonnenklar gewesen. Die Leute, die uns holen wollten, würden uns doch wohl nicht auseinanderreißen? So etwas Grausames konnte gar nicht passieren. Oder doch?

Wir hörten, wie mehrere Menschen die Treppe hinaufkamen. Einige meiner Geschwister schrien: »Daddy! Daddy!«

Die Tür ging auf und einige Männer stürmten in unsere Küche. Sie wirkten groß und bedrohlich. Einer von ihnen redete mit meinem Vater.

Die anderen versuchten, sich uns zu nähern. Wir wichen zurück und hielten uns an den Händen fest in der Hoffnung, dass uns so niemand würde trennen können.

Die Männer hatten Listen in den Händen und zeigten auf Einzelne von uns. Da begriff ich, dass wir tatsächlich nicht zusammen in ein Heim kommen würden, sondern dass sie uns trennen wollten. Ich versuchte, meine Geschwister zu schützen, drängte sie in eine Ecke, stellte mich mit ausgebreiteten Armen vor sie und mobilisierte meine letzten Kräfte. Ich schrie: »Daddy, wir wollen bei dir bleiben. Wir haben dich doch lieb! Bitte, hilf uns, Daddy!«

MEIN VATER WOLLTE DAS ELEND, DAS ER SELBST MASSGEBLICH MIT VERURSACHT HATTE, NICHT MEHR SEHEN.

Die Männer vor uns wurden immer nervöser. Sie versuchten, uns auseinanderzuzerren. Ohne Erfolg. Sie redeten auf uns ein. Es wurde immer lauter und unübersichtlicher.

Ich suchte in dem ganzen Durcheinander mit meinen Blicken das Zimmer nach meinem Vater ab. Schließlich fand ich ihn, und als ich ihn sah, verschwanden auch meine letzten Kräfte. Er hatte sich in eine Ecke gekauert, die Arme um seine Beine geschlungen. Das Gesicht hatte er zwischen seinen Armen vergraben. Er wollte das Elend, das er selbst maßgeblich mit verursacht hatte, nicht mehr sehen.

Irgendwann gaben meine Beine nach, ich sackte nach vorn und wurde in letzter Sekunde von einem Mann der Behörde aufgefangen. Ich versuchte, mich zu wehren, schlug um mich, aber es waren nur halbherzige Versuche, das Unvermeidliche aufzuhalten. Ich wusste nicht, ob ich meine Geschwister jemals wiedersehen würde. Selbst wenn mein Vater versprochen hatte, uns wieder abzuholen, er hatte sich noch nie an irgendwelche Versprechungen gehalten.

Ein Nachbar hatte sich zu den Männern von den Behörden und den Kinderheimen gesellt. Er teilte ihnen mit, wer wer war, denn in dem ganzen Durcheinander wusste niemand mehr so genau, welches Kind denn in welches Heim gebracht werden sollte. Die grausame Wahrheit war: Nicht einmal die Mädchen und die Jungen oder die Älteren und die Jüngeren sollten zusammenbleiben, wir würden alle voneinander getrennt werden.

Ich sah, dass der Nachbar Tränen in den Augen hatte, als er uns Kinder so verängstigt und aufgelöst sah. Selbst bei den Mitarbeitern der Behörden und der Kinderheime liefen Tränen die Wangen hinunter. Sie hatten in ihrem Leben schon viele schlimme Dinge gesehen, aber die Wucht unserer Verzweiflung brachte sie völlig aus der Fassung. Mein Vater konnte das alles nicht mehr mitansehen. Er lief aus dem Haus, stahl sich davon und überließ uns Kinder einfach unserem Schicksal.

Mittlerweile hatten es die Männer geschafft, uns auf die Straße zu zerren. Sie versuchten, so vorsichtig wie möglich vorzugehen, aber das gelang nicht, denn wir wollten uns nicht voneinander trennen lassen. Deshalb wurden sie mit der Zeit immer grober.

Sie trugen jeden von uns zu einem anderen Auto. Es muss wie eine Massenentführung ausgesehen haben, und für mich war es das auch. Nur: Mein Vater hatte sie zugelassen.

Eine riesige Menschentraube hatte sich mittlerweile vor unserem Haus versammelt. So ein Schauspiel wurde selbst in unserer Gegend nicht oft geboten, und das wollten sich unsere Nachbarn nicht entgehen lassen. Die Stimmung war angespannt. Einige unserer Nachbarn begannen, die Behörden zu beschimpfen. Viele Frauen weinten und schrien.

Die Lage wurde immer brenzliger, und ich merkte, dass die Männer es mit der Angst zu tun bekamen. Auch sie fingen an, zu fluchen. Sie wurden noch grober, schrien sich Kommandos zu und wollten so schnell wie möglich raus aus dieser Extremsituation.

Unsere Nachbarn wurden ebenfalls lauter. Sie schrien: »Lasst die Kinder los!« Einige nahmen Steine in die Hand und näherten sich mit drohenden Gebärden.

Nach einer gefühlten Ewigkeit saßen wir alle in verschiedenen Autos und die letzte Tür wurde zugeschlagen. Die Motoren heulten auf. Sofort drückten die Mitarbeiter der Behörden laut auf die Hupe. Das wirkte. Unsere Nachbarn wichen zurück.

Ich saß am offenen Fenster und versuchte, meine Geschwister in den anderen Autos zu entdecken. Es gelang mir nicht. Ein Mitarbeiter der Behörde setzte sich neben mich und redete auf mich ein. Er versuchte, mich zu beruhigen, und sagte dieselben Worte, die der Engel in meinem Traum benutzt hatte: »Alles wird gut.«

Im Gegensatz zu meinem Traum beruhigte mich das aber nicht mal annähernd. Ich drehte mich weg und weinte leise. Ich war mir sicher: Nichts würde jemals wieder gut werden!

Als wir ein anderes Auto überholten, entdeckte ich darin meine Schwester Mary. Wir sahen uns kurz in die Augen. Ich sah den Schmerz und die Angst in ihrem Blick. Und dann sagte sie etwas. Das kleine verzweifelte Stimmchen meiner Schwester Mary war das Letzte, was ich hörte. Sie schrie: »Ich will zu meinem Bruder Johnny! Bitte lasst mich zu Johnny.«

Dann wurde es still und nur das monotone Brummen des Motors war zu hören. Ich sank in den Sitz, schloss die Augen und spürte plötzlich einen Schmerz in meinem Körper, den mir keine Wunde der Welt hätte zufügen können.

Es war die Einsamkeit, die meinen Körper eroberte. Und sie kam nicht allein. Mit ihr hielt die Hilflosigkeit Einzug in mein Leben.

03

VERGEBEN, ABER NICHT VERGESSEN

Meine kindlichen Rituale zum Festhalten waren keine Spaziergänge mit meinen Eltern oder Geburtstage, sondern es waren schlicht und einfach die Jahreszeiten.

Der Beamte neben mir versuchte, mich während der Fahrt zum Kinderheim aufzuheitern. Er sah in seine Unterlagen, suchte nach meinem Namen und sagte zu mir: »Hey John! Spielst du gerne Fußball?«

Ich antwortete nicht.

Er versuchte es noch mal: »Mach dir keine Sorgen. Alles wird gut!«

Seine Stimme klang freundlich, doch ich war unfähig, zu reagieren, geschweige denn zu antworten. Ich starrte aus dem Fenster und zitterte am ganzen Körper. Schließlich gab der Beamte seine Bemühungen auf, drehte sich wieder nach vorn, seufzte und sagte halblaut zu sich selbst: »Was für ein Scheißjob.«

Nach drei Stunden Fahrt bogen wir ab und fuhren eine lange Einfahrt entlang auf ein riesiges graues Gebäude zu. Wir hielten direkt vor der Eingangstür. Als der Polizist mir die Tür öffnete, konnte ich nicht aussteigen. Meine Beine versagten den Dienst. Ich war unfähig, mich zu bewegen. Ich saß einfach da. Der Beamte merkte, dass mit mir etwas nicht stimmte. Erst wollte er mir helfen und mich stützen, aber dann hielt er inne und wartete.

Ich saß einfach da. Es war frisch und ich spürte, wie eine nasse Kälte meinen Körper hochkroch. Ich schaute mich um und sah einen Garten mit einigen hohen Bäumen. Der Herbst hatte die Blätter bunt gefärbt. Der Wind wirbelte ein paar durch die Luft und das gab der Situation eine gewisse Vertrautheit.

Meistens waren es die wiederkehrenden Elemente des Lebens und der Natur, an die ich mich klammerte, um wenigstens etwas Vertrautes zu spüren. Meine kindlichen Rituale zum Festhalten waren keine Spaziergänge mit meinen Eltern oder Geburtstage, sondern schlicht und einfach die Jahreszeiten. Der Frühling, der auch unsere dreckige Straße jedes Jahr neu in ein freundlicheres Licht tauchte. Der Sommer, der mir sogar in Schottland den einen oder anderen Sonnenbrand bescherte. Am Herbst liebte ich das umherfliegende Laub und im Winter drückte ich mir so manches Mal die Nase an den Fenstern fremder Häuser platt, in denen bunt geschmückte Weihnachtsbäume standen und es herrlich nach frischgebackenen Keksen roch.

Als ich zum Gebäude schaute, erkannte ich, dass sich an den schmutzigen Fensterscheiben des Heims ebenfalls Jungen die Nasen platt drückten. Viele kleine Augenpaare musterten mich neugierig von oben bis unten.

Einen Moment dachte ich, die Zeit würde stillstehen. Doch dann berührte mich der Beamte an der Schulter und sagte: »Komm, wir gehen jetzt rein, John.«

Ich befahl meinen Beinen, sich endlich in Bewegung zu setzen, und siehe da, es klappte. Langsam und unsicher kroch ich aus dem Auto. Während sich der Polizist meine wenigen Sachen unter den Arm klemmte, ging ich langsam auf den Eingang zu.

Im Gebäude roch es nach Bohnerwachs und Mittagessen. Stimmengemurmel war zu hören, ja, sogar ein Lachen. Ganz weit weg zwar, aber es war wie Musik in meinen Ohren. Vor dem Büro des Heimleiters angekommen, setzte mich der Beamte auf eine Bank im Flur. Er sagte noch einmal: »Alles wird gut, John«, zwinkerte mir zu und ging davon. Ich war wieder einmal allein.

Wobei, das stimmt nicht, denn wie zufällig liefen viele der Heimkinder an mir vorbei. Klar, sie wollten den Neuen unter die Lupe nehmen. Sie gingen an mir vorbei, tuschelten und verschwanden um die nächste Ecke.

Doch ein Junge, groß und dünn, baute sich direkt vor mir auf und blickte mich böse an. Er war einige Jahre älter als ich und wollte mir Angst machen. Da ging die Tür des Heimleiterbüros auf und ich wurde ins Büro gebeten. Der große Junge verschwand schnell und ich hatte ihn wenig später schon wieder vergessen.

Im Büro saß ich in einem viel zu großen Sessel vor einem großen Schreibtisch. Der Heimleiter erklärte mir die Heimregeln, die es zu beachten galt. Besonders wichtig schien ihm zu sein, dass wir unter keinen Umständen Streit anfangen sollten, und eine Prügelei duldete er erst recht nicht. Ich nickte mechanisch und wusste zu dem Zeitpunkt noch nicht, dass ich genau diese Regeln wenige Stunden später brechen würde.

> **»HÖR MAL ZU, DU KLEINER WURM. ICH BIN HIER DER BOSS UND ALLE HÖREN AUF MEIN KOMMANDO. WENN DU KEINEN ÄRGER WILLST, DANN MACHST DU DAS BESSER AUCH.«**

Nach dem Gespräch wollte ich dringend die Toilette aufsuchen und das aus mehreren Gründen. Erstens musste ich wirklich und zweitens wusste ich nicht, wie lange ich meine Tränen noch unterdrücken konnte. Auf der Toilette angekommen, fing ich an zu schluchzen und war gleichzeitig darauf bedacht, dass niemand etwas davon mitbekam. Bis ich am Waschbecken angekommen war, hatte ich mich wieder im Griff.

Keine Sekunde zu spät, denn als ich den Wasserhahn aufdrehte, flog die Tür zum Flur auf und herein kam der große dünne Junge, der, wie mir jetzt auffiel, ein froschähnliches Gesicht hatte. Er baute sich vor mir auf und zischte: »Hör mal zu, du kleiner Wurm. Ich bin hier der Boss und alle hören auf mein Kommando. Wenn du keinen Ärger willst, dann machst du das besser auch.«

Ich schaute ihn an und tausend Gedanken schossen mir durch den Kopf: Soll ich ihm direkt eine verpassen, bevor er das tut? Oder soll ich lieber tun, was er sagt?

Das war keine angenehme Situation, aber große Angst hatte ich nicht, denn solche Situationen kannte ich und in der Vergangenheit war ich schon von weitaus gefährlicheren Typen bedroht worden. Ich empfand eher Traurigkeit darüber, dass ich niemanden hatte, der sich vor mich stellte, der mich beschützte. Immer musste ich mich selbst schützen und verteidigen. Das lähmte mich. Aber nur einen Moment. Dann erwachte wieder der Kampfgeist in mir und ich entschloss ich mich zum Gegenangriff. Ich machte mich so groß, wie es eben ging, und brüllte den Jungen an: »Pass mal auf, du Froschgesicht! Ich habe keine Angst vor dir! Lass mich in Ruhe!«

Mittlerweile hatten sich weitere Jungs aus dem Heim in den Toilettenvorraum gedrängt. Es war totenstill. Wahrscheinlich hatte bisher niemand gewagt, dem Jungen zu widersprechen. Auch er selbst rang um Fassung und war einen Moment sprachlos. Dann giftete er zurück: »Was hast du gesagt? Froschgesicht? Das wirst du bitter bereuen. Wir sehen uns um sieben im Park. Ich mach dich fertig.«

Dann schubste er mich zur Seite und stapfte wütend zur Tür hinaus. Ich blieb einen Moment stehen und spürte die Blicke der anderen Jungs. Dann lief ich ebenfalls in den Flur und wünschte mir wieder einmal nichts sehnlicher, als einfach wegzurennen.

Beim Abendessen sprach niemand mit mir. Ich überlegte fieberhaft, wie ich weiter vorgehen sollte. Die große Uhr an der Wand des Speisesaals stand auf 18:30 Uhr. Ich war keine zwei Stunden im Heim und schon stand die erste Prügelei bevor. Aber was sollte ich tun? Mich drangsalieren lassen und immer in Angst leben, wie es heute viele Kinder tun, die unter Mobbing leiden?

Klar hätte ich den Heimleiter informieren können, aber dieses Vertrauen hatte ich nicht. Niemand, der in der gleichen Lage war wie ich, hätte das getan. All die negativen Erfahrungen hatten mich gelehrt, dass ich mich auf niemanden außer mich selbst verlassen konnte. Ich musste in die Konfrontation gehen, sonst würde ich verlieren. Für mich war klar: Angriff ist die beste Verteidigung. Ich war unfair und gemein, weil andere zu mir gemein waren. Das war nicht besonders ritterlich, aber wirkungsvoll.

18:45 Uhr.

Die Tische wurden abgeräumt und ein kleiner Junge kam zu meinem Tisch. Es hatte sich herumgesprochen, dass ich dem größten Rüpel des Heims die Stirn geboten hatte und der Junge fand das wunderbar. »Hi, ich bin Tim«, sagte er und blickte voller Ehrfurcht zu mir auf. »Ich finde es supertoll, wie du – Wie sagtest du? … Froschgesicht??? – die Stirn geboten hast. Einfach klasse. Hattest du keine Angst? Er kommandiert uns alle herum und schlägt die Neuen. Tritt ihn einfach und lauf dann schnell weg.«

Tim hörte gar nicht mehr auf, zu erzählen: »Komm besser nicht zu spät, denn dann denkt Froschgesicht, dass du Angst hast.«

Er hatte den Namen dankbar aufgenommen und so hatte ich neben der gleich beginnenden Keilerei einen Spitznamen für Allan, so hieß der Rüpel, ins Leben gerufen. Keine schlechte Ausbeute für den ersten Tag.

> ALL DIE NEGATIVEN ERFAHRUNGEN HATTEN MICH GELEHRT, DASS ICH MICH AUF NIEMANDEN AUSSER MICH SELBST VERLASSEN KONNTE.

Tim griff in seine Hosentasche und zog zwei Pflaster heraus. »Hier, die wirst du gleich brauchen.«

Das war die Art Motivation, die ich eigentlich gar nicht gebrauchen konnte, aber Tim meinte es gut und er blieb auch an meiner Seite, als wir uns um 19 Uhr dem Park näherten.

Die Jungs aus dem Heim bildeten dort bereits einen Kreis, die Kampfarena. In ihrer Mitte thronte Allan »Froschgesicht«. Siegessicher grinste er mich an und schaute verächtlich auf den kleinen Tim.

»Na, hast du Verstärkung mitgebracht?«

Die Jungs lachten. Es klang unecht. Ich schob Tim zu den anderen und trat in den Kreis. »Da bin ich«, sagte ich und machte eine extra lange Pause, »… Froschgesicht.«

Ich sprach den ungeliebten Spitznamen betont lässig und langsam aus. Damit signalisierte ich den anderen, dass ich keine Angst hatte, und stellte den größeren Jungen noch einmal bloß. Allerdings erhöhte sich auch die Wut meines Gegners schlagartig. Er schnaubte und beschimpfte mich. Ich blickte ihm in die Augen und sagte gar nichts mehr.

Der Kreis der Jungen zog sich enger um Allan und mich. Jetzt gab es kein Zurück mehr. Er begann, um mich herumzutänzeln, und hob die Fäuste. Ich blieb einfach stehen und beobachtete ihn genau. Und doch unterschätzte ich den ersten Tritt. Er hob sein Bein blitzschnell und sein Fuß traf mich mitten im Gesicht. Ich fiel hin und kauerte mich wie ein Igel zusammen in Erwartung weiterer Tritte. Die ließen auch nicht lange auf sich warten. Doch nach fünf oder sechs sehr schmerzhaften Tritten bekam ich sein Bein zu fassen und hielt seinen Fuß fest. Allan taumelte und fiel hin.

Aufgrund der Schmerzen, die er mir durch seine Tritte zugefügt hatte, war ich zu diesem Zeitpunkt schon nicht mehr Herr meiner Sinne. Wie in Trance nahm ich die Schreie der anderen Kinder wahr. Aus dem Augenwinkel sah ich, dass Allan sich wie eine Schlange wand, um meinem Griff zu entkommen. Doch ich hielt ihn fest. Einige Sekunden verharrten wir in dieser Stellung. Allan ging die Puste aus und ich erkannte meine Chance. Ich bekam seinen Oberschenkel zu fassen und bevor Allan mitbekam, was ich vorhatte, rammte ich ihm meinen Ober- und meinen Unterkiefer ins Fleisch. Damit hatte er nicht gerechnet. Er schrie vor Schmerz auf.

BEVOR ALLAN MITBEKAM, WAS ICH VORHATTE, RAMMTE ICH IHM MEINEN OBER- UND MEINEN UNTERKIEFER INS FLEISCH.

Einige Jungs wollten mich von ihm wegzerren, aber ich ließ nicht los. Ich hatte mich festgebissen.

Allan brüllte wie am Spieß, und das hörte der Heimleiter in seinem Büro. Er kam sofort in den Park gelaufen. Entsetzt sah er auf die Szene, die sich ihm bot: der schreiende Heimrowdy und der Neue, der in bester Kampfhundmanier ein Bein zwischen den Zähnen hatte.

Dem Heimleiter gelang es, mich von Allan loszubekommen. Er scheuchte unsere Zuschauer auf ihre Zimmer, packte Allan und mich am Kragen und nahm uns mit in sein Büro. Da durften wir uns eine deftige Standpauke anhören und wurden dann von einem Arzt behandelt. In meiner Krankenakte stand hinterher: ein gebrochener Arm, einige Blutergüsse und blutige Wunden an Mund und Nase. Allan dagegen bekam einen monströsen Bluterguss von zwanzig Zentimeter, der jeden Tag dicker zu werden schien. Außerdem konnte er die nächsten vier Wochen nur humpeln.

Den Kampf gewonnen hatte niemand von uns. Es war ein klassisches Unentschieden wegen vorzeitigem Abbruch. Aber der moralische Sieger war ich in jedem Fall. Ich brauchte in der darauffolgenden Zeit nur meine Zähne zu zeigen, wenn mich jemand ärgern wollte. Und Allan, genannt Froschgesicht, behielt neben seinem Spitznamen auch eine dicke Narbe am Oberschenkel.

Die Monate zogen dahin und der Herbst ging in den Winter über. Der Frühling kam. Ich lebte relativ unbehelligt vor mich hin. Durch den spektakulären Einstieg hatte ich eine Art Kultstatus und wurde von den anderen Jungen mit einer Mischung aus Verachtung und Ehrfurcht meistens in Ruhe gelassen. Nur der kleine Tim traute sich, mich anzusprechen. Er war mein größter Fan und wich oft nicht von meiner Seite. Doch leider wurde er bald in ein anderes Heim verlegt und ich war wieder allein.

In dieser Zeit legte ich mir eine Art Schutzpanzer zu, der es mir ermöglichte, all die negativen Erfahrungen und Gefühle unter Verschluss zu halten und nach außen hin stark und teilnahmslos zu wirken. Es war eine unbewusste Überlebensstrategie, die mich durch die Tage, Wochen und Monate brachte. In meinem Alltag herrschte eine Kontinuität, die Essenszeiten waren geregelt, das Umfeld war vertraut.

Doch eines Tages rief mich der Heimleiter in sein Büro. Die Tür hatte sich noch nicht ganz hinter mir geschlossen, da sagte er zu mir: »John, ich habe eine gute und eine schlechte Nachricht. Die schlechte Nachricht: Du kannst nicht mehr lange hierbleiben.

Dieses Heim ist eigentlich nur für Jugendliche über fünfzehn Jahre und du bist jetzt schon ziemlich lange bei uns. Deshalb musst du weg.«

Ich habe kaum etwas gespürt. Der Seelenpanzer leistete ganze Arbeit. Das nächste Heim? Egal! Na und? Wen interessiert es denn? Ich würde doch eh nie irgendwo eine Heimat finden. Es war mir völlig gleichgültig.

Der Heimleiter räusperte sich. »Aber die gute Nachricht ist: Dein Vater kommt dich morgen besuchen. Sei bitte um 13 Uhr im Besuchszimmer.«

Auf positive Nachrichten waren weder ich noch mein Seelenpanzer vorbereitet. Positive Nachrichten konnte ich nicht einordnen. Ein Funke Hoffnung durchflutete mich. Holte Daddy mich womöglich nach Hause? Hatten Mummy und Daddy sich wieder versöhnt?

Ich verließ das Büro des Heimleiters zum ersten Mal mit einem positiven Gefühl und konnte für den Rest des Tages an nichts anderes denken. Ich steigerte mich in meine Wunschvorstellung hinein. Aus »Nimmt Daddy mich mit nach Hause?« wurde ein sicheres »Morgen verlasse ich dieses Heim und werde zu Mummy und Daddy zurückkehren! Wahrscheinlich sind meine Geschwister schon dort.« Ich fing an, meine Sachen zu packen.

Am Abend konnte ich nicht einschlafen und am Morgen zählte ich die Minuten bis zum Mittag. Ich war bereits vor 13 Uhr im Besuchszimmer und kippelte nervös auf dem Stuhl hin und her.

Es wurde 13 Uhr. Niemand da. »Na ja«, dachte ich. »Er wird sich etwas verspätet haben.«

Um 13:15 Uhr war immer noch niemand da.

Auch um 13:30 Uhr stand der andere Stuhl im Besuchszimmer verwaist da.

Genau wie um 14 Uhr …

Bis 15 Uhr saß ich dort und wartete auf meinen Vater. Er kam nicht.

Mit gesenktem Kopf und düsterer Miene verließ ich das Besuchszimmer. Der kurze Anflug von Hoffnung war verschwunden. Selbst als der Heimleiter mir mitteilte, dass mein Vater verhindert war, aber ganz bestimmt übermorgen zu Besuch kommen würde, änderte das wenig an meiner Stimmung. Ich war enttäuscht worden. Wieder einmal. Niemals würde ich nach Hause kommen, da war ich mir sicher. Wenn ich nicht hierbleiben konnte, dann würde es in ein anderes Heim gehen.

Zwei Tage später saß ich wieder im Besuchszimmer. Ich war nervös, hatte Hoffnung und gleichzeitig Angst, erneut vergeblich zu warten. Diesmal wurde ich nicht enttäuscht. Um Punkt 13 Uhr ging die Tür des Besuchszimmers auf und mein Vater stand in der Tür.

DIE STIMME MEINES VATERS KLANG VERTRAUT. ER SCHIEN NÜCHTERN ZU SEIN UND HATTE SOGAR SEINEN BESTEN ANZUG ANGEZOGEN.

»Hallo John, wie geht es dir.«

Seine Stimme klang vertraut. Er schien nüchtern zu sein und hatte sogar seinen besten Anzug angezogen.

Und ich? Ich schaute auf den Boden und bekam keinen Ton heraus. All das, was ich ihm sagen wollte, war wie weggeblasen und auch die kurz aufkeimende Freude und Hoffnung hatten sich aus dem Staub gemacht. Ich starrte auf meine Füße und hasste mich.

»Los, John, sag was«, dachte ich. Aber ich brachte keinen Ton heraus.

Da begann mein Vater zu reden. Er erzählte davon, dass meine Mutter und eine meiner Schwestern jetzt in Irland wohnten und er nicht wisse, ob sie jemals zurückkommen würden.

Nach einigen Minuten ging ihm der Gesprächsstoff aus und wir schwiegen uns an. Ich merkte, dass sich mein Vater unwohl fühlte, und wollte ihm gern helfen, aber ich konnte nicht.

»John, wenn du nicht mit mir redest, dann gehe ich wieder«, sagte er plötzlich.

Ich hätte ihn dafür anschreien können. Erst steckte er uns Kinder in ein Heim, kam monatelang nicht zu Besuch und wunderte sich dann, dass ich nicht mit ihm redete? Ich hätte aber auch mich anschreien können. Jetzt saß mir mein Vater schon gegenüber und ich hatte nichts Besseres zu tun, als zu schweigen?

Die Stille war kaum auszuhalten. Irgendwann nahm mein Vater seine Jacke und ging.

Ich hörte, wie die Schritte auf dem Flur verhallten, und fing an, bitterlich zu weinen. Bedrückt ging ich zum Fenster, um ihn noch einmal zu sehen, als ich hörte, dass die Tür des Besuchszimmers wieder geöffnet wurde. »Er ist zurückgekommen«, dachte ich.

Doch als ich mich umdrehte, sah ich nur den Heimleiter, der ein Tablet mit zwei Tassen Tee hereinbrachte. Verwundert fragte er, wo denn mein Vater sei, und ich deutete zum Fenster und sagte: »Er ist wieder gegangen, weil ich nichts gesagt habe.«

»Lauf ihm hinterher, John«, ermutigte der Heimleiter mich. »Sag ihm, dass eine Tasse Tee auf ihn wartet.«

Das ließ ich mir nicht zweimal sagen. Ich rannte über den Flur, die Treppen hinunter und sprintete in den Hof. Mein Vater war schon einige Hundert Meter entfernt und ich rief laut: »Daddy! Warte!«

Keine Reaktion. War ich zu weit entfernt?

Ich lief weiter und rief noch lauter: »Daddy, bitte bleib stehen.«

Immer noch ging mein Vater stur weiter. Er musste mich doch hören!

Erst als ich wenige Meter von ihm entfernt war und in gleicher Lautstärke nach ihm rief, drehte er sich um und fiel im selben Moment auf die Knie. Seine Augen waren mit Tränen gefüllt und er stammelte: »John, es tut mir leid. Ich möchte das alles doch auch nicht. Ich weiß nicht, wie es weitergehen soll.«

Wir umarmten uns lange. Es war die einzige Umarmung mit meinem Vater, an die ich mich erinnern kann. In diesem Moment hatte ich das Gefühl, dass er derjenige war, der Trost brauchte. Hinterher wurde mir bewusst, dass ich ihm in diesem Moment vergeben habe. Dieser Mann konnte nicht einmal auf sich selbst aufpassen, wie sollte er da für eine Familie sorgen?

Mit dieser Umarmung habe ich nicht all das vergessen, was er mir angetan hat, aber ich habe ihm vergeben. Ich habe mich auch nicht mit ihm versöhnt, aber ich habe ihm vergeben. Und das war eine wichtige Voraussetzung für all das, was mir in meinem Leben noch widerfahren würde.

Mein Vater kam mit mir zurück ins Kinderheim und wir tranken Tee. Es entstand keine flüssige Unterhaltung, aber wir haben

> **HINTERHER WURDE MIR BEWUSST, DASS ICH IHM IN DIESEM MOMENT VERGEBEN HABE. DIESER MANN KONNTE NICHT EINMAL AUF SICH SELBST AUFPASSEN, WIE SOLLTE ER DA FÜR EINE FAMILIE SORGEN?**

uns angeschaut und miteinander geredet. Der Heimvater kam dazu und erzählte, dass ich in ein neues Heim kommen würde. Der Gedanke daran ängstigte mich immer noch und ich hatte längst verstanden, dass mein Vater mich nicht mit nach Hause nehmen würde, auch wenn er mir versprach, dass er mich so schnell wie möglich aus dem neuen Kinderheim herausholen würde. Der Heimvater, mein Vater und ich wussten genau, dass das nie passieren würde.

Die Zeit verflog, und als mein Vater dann tatsächlich gehen wollte, sah er mich an und sagte: »Du darfst mir nicht hinterherlaufen, hast du verstanden.«

Ich nickte, aber mein Herz sagte mir: »Lass ihn nicht gehen. Er wird dich nie wieder besuchen.«

Mein Vater küsste mich auf die Stirn und verließ das Kinderheim. Ich wartete, bis er außer Sichtweite war, und rannte ihm dann hinterher. Ich verfolgte ihn durch den Park bis zur Bushaltestelle, an der er wartete. Ich versteckte mich hinter einem großen Baum. Die Bushaltestelle hatte ich gut im Blick und ich konnte sein Gesicht erkennen.

Ich wünschte mir so sehr, dass mein Vater sich noch einmal umdrehen und den Park nach mir absuchen würde. »Bitte Daddy, dreh dich um!«, flehte ich innerlich. »Dann würde ich sofort zu dir rennen.«

Der Bus kam, mein Vater stieg ein und setzte sich ans Fenster. Mich hielt es nicht mehr hinter dem Baum. Ich lief auf die Bushaltestelle zu und sah im Laufen, wie mein Vater seinen Kopf in seinen Händen vergrub. Genauso wie damals, als wir Kinder aus der Wohnung geholt und in die verschiedenen Heime verteilt worden waren. Mein Vater zog sich zurück. Konnte nicht mehr hinschauen.

Der Bus fuhr an, als ich die Bushaltestelle erreichte. Einige der Leute, die im Bus saßen, musterten mich überrascht. Ich schrie und winkte, aber mein Vater nahm keine Notiz von mir. Hatte er mich nicht gehört oder wollte er nicht? Der Bus bog ab.

Einige Sekunden lang hörte ich noch das Motorengeräusch. Dann war es wieder still. Ich drehte mich um und ging zurück zum Kinderheim.

Der Panzer meiner Seele übernahm jetzt wieder das Kommando und sorgte dafür, dass diese Begegnung tief in meinem Unterbewusstsein vergraben wurde.

Mein Vater hat mich tatsächlich nie wieder besucht. Ich habe ihn an diesem Tag zum letzten Mal gesehen.

04

MR SMITH

Als Mr Smith anfing zu sprechen, war es, als würde die Welt um mich herum ein wenig dunkler und kälter.

Als es an meiner Zimmertür klopfte, schnappte ich mir meine paar Habseligkeiten, weil ich dachte, die Beamten vom Kinderschutzbund wären eine Stunde zu früh dran. Heute sollte ich in ein anderes Kinderheim verlegt werden. Ich war traurig, weil sich gerade in den letzten Tagen nach dem Besuch meines Vaters dieses Kinderheim immer mehr zu meiner Heimat entwickelt hatte. Der Heimleiter war streng, aber gerecht und er hatte ein Herz für uns Heimkinder. Gepackt hatte ich längst und so steuerte ich mit meinem Bündel auf die Tür zu.

Als ich sie öffnete, standen da aber keine Beamten, sondern ich erblickte Allan, alias Froschgesicht. Ich war einigermaßen überrascht, gingen wir uns doch sonst immer aus dem Weg oder schleuderten uns in einem Sicherheitsabstand von einigen Metern die eine oder andere Beleidigung an den Kopf. Ich wich einen Schritt zurück, dachte zuerst, dass er mir zum Abschied noch mal eins auf die Glocke hauen wollte, aber er hob abwehrend die Hände. Ich schaute an ihm vorbei, ob irgendwo seine Kumpels lauerten. Niemand zu sehen.

»Hey Frosch…«, wollte ich gerade loslegen, besann mich dann aber, weil ich merkte, dass Allan heute in friedlicher Absicht kam. Er hatte Tränen in den Augen und sah mich unsicher an. Keine Spur von dem arroganten Jungen, der immer nur höhnisch lächelte und sich sonst keine Gefühlsregung anmerken ließ.

»Darf ich kurz reinkommen?«, fragte er und ich trat zur Seite.

So standen wir einige Zeit im leeren Zimmer und sahen aneinander vorbei. Ich wusste nicht, was ich sagen sollte, und Allan wusste auf einmal auch nicht mehr, ob es eine gute Idee war, das Zimmer des Jungen aufzusuchen, der ihn vor aller Welt bloßgestellt hatte.

Nach einigen Minuten räusperte er sich, sah mich an und sagte: »Ich wollte mich nur verabschieden, weil …« Er stockte, blickte verlegen auf den Boden und sprach dann leise weiter: »… weil ich finde, dass du eigentlich ganz in Ordnung bist.«

Dann streckte er mir seine Hand entgegen und ich ergriff sie sofort. Unser Friedensabkommen war besiegelt.

Er grinste mich an und sagte: »Vergessen werde ich dich ja so schnell nicht.«

Bei diesen Worten deutete er auf sein Bein. Eine Jeans verdeckte die Narbe, die ich ihm durch meinen Biss zugefügt hatte.

»Danke, dass du vorbeigekommen bist, … Allan«, antwortete ich.

Der unschöne Spitzname Froschgesicht war für mich ab sofort gestorben. Wir wünschten uns alles Gute und er ging hinaus.

Wenig später klopfte es erneut. Diesmal rief ich: »Herein!« und blieb auf meinem Bett sitzen. Der Heimleiter erschien.

Er setzte sich zu mir und sagte: »John, ich wollte mich von dir verabschieden und dir alles Gute wünschen.«

Nach diesen wenigen Worten stand er auf und ging zur Tür. Dort blieb er abrupt stehen, drehte sich noch einmal um und sah mich direkt an: »John, ich

ALLANS UNSCHÖNER SPITZNAME FROSCHGESICHT WAR FÜR MICH AB SOFORT GESTORBEN. WIR WÜNSCHTEN UNS ALLES GUTE UND ER GING HINAUS.

weiß nicht, ob es richtig ist, dir das zu sagen, aber ich tue es einfach, weil ich möchte, dass du vorbereitet bist.« Er ging wieder zu mir, kniete sich hin und nahm meinen Kopf in seine Hände. »John, du musst ab sofort noch stärker sein, als du es ohnehin schon bist. Ich habe gehört, dass der Heimleiter in dem anderen

Kinderheim sehr streng ist. Sehr streng. Pass auf dich auf, hörst du?« Er streichelte über meinen Kopf und lächelte mich an. »Du schaffst das, John, da bin ich mir sicher.«

Damit verließ er nun endgültig mein Zimmer und ich war wieder allein. Das wohlige Gefühl, das ich durch die Begegnung mit Allan und die Anwesenheit des Heimleiters gespürt hatte, verschwand.

Es regnete, als der Beamte und ich mit meinem kleinen Koffer über den Hof des Kinderheims zum Auto liefen. Ich sah mich noch einmal um. Diesmal drückte sich niemand seine Nase an der Fensterscheibe platt.

Aber meine Blicke gingen sowieso eher in Richtung Ausfahrt. Für einen kurzen Moment dachte ich, dass mein Vater mich vielleicht doch abholen würde. Dass er sein Versprechen wahr machen und mich wieder nach Hause bringen würde. Zu Mummy und meinen Geschwistern. Aber niemand kam. Wahrscheinlich hatte meine Familie mich längst vergessen.

Ich schaute zum Himmel. Regentropfen fielen auf mein Gesicht. Der Himmel weinte. Und mir war ebenfalls nach Weinen zumute.

Die nächsten 170 Kilometer verbrachte ich schweigend im Auto. Der Beamte vom Kinderschutzbund redete nicht viel. Er fluchte einige Male über den Verkehr und drehte oft am Knopf, mit dem man die Radiosender wechseln konnte. Nach ungefähr einer Stunde Fahrt hörte der Regen auf und die Sonne kämpfte

FÜR EINEN KURZEN MOMENT DACHTE ICH, DASS MEIN VATER MICH VIELLEICHT DOCH ABHOLEN WÜRDE. DASS ER SEIN VERSPRECHEN WAHR MACHEN UND MICH WIEDER NACH HAUSE BRINGEN WÜRDE.

sich durch die dichten Wolken. Ein wunderbarer Anblick. Ich hielt mein Gesicht in die Sonne, schloss die Augen und wurde etwas ruhiger.

Der Park des Kinderheims, in dessen Einfahrt wir schließlich einbogen, sah genauso aus wie der, aus dem ich vor knapp zwei Stunden weggefahren war. Das Kinderheim selbst hatte allerdings keine Ähnlichkeit mit meinem früheren Heim. Es war ein altes Herrenhaus, 1806 erbaut, und strahlte Würde aus. Die Bäume ringsherum waren voller Blätter und auf einer Wiese blühten unzählige Blumen.

Der Frühling war gerade dabei, dem Sommer das Feld zu überlassen, und zeigte sich nach dem Regenschauer noch einmal von seiner besten Seite. Das Haus selbst passte wunderbar in dieses Wetter. Es war weiß gestrichen, mit großen Fenstern und einer riesigen, einladenden Eingangstür. Der Anblick hatte das Zeug zu einem kitschigen Postkartenmotiv.

Doch im nächsten Augenblick war es, als würde jemand mit einem schwarzen Filzstift einen dicken Strich durch das warme und angenehme Bild ziehen.

Ein großer, dünner Mann trat aus der Tür des alten Herrenhauses. Er trug einen dunklen Anzug und war ordentlich frisiert. Es war Mr Smith, der Heimleiter. Er ging, nein, hastete die Treppen hinunter und kam auf das Auto zu. Seine Arme schlackerten beim Laufen etwas unkontrolliert hin und her, und während er sich auf mich zubewegte, musterte er mich von oben bis unten.

Dieser Mann machte mir schon aus der Ferne Angst. In dem Moment, als er vor mir stand, wurde es dunkler. Vielleicht, weil der riesige Heimleiter zwischen mir und die Sonne getreten war. Doch als Mr Smith zu sprechen begann, war es, als würde die

Welt um mich herum noch ein wenig dunkler und kälter. Nichts an ihm war vertrauenerweckend.

Mit einer sehr tiefen Stimme, die erschreckend emotionslos klang, fragte er mich: »Bist du John?«, und ich antwortete mit einem leisen »Ja«.

Daraufhin zog Mr Smith eine Augenbraue hoch und fragte: »Wie bitte?« Ich schluckte und krächzte: »Oh, entschuldigen Sie bitte. Mein Name ist John McGurk.«

Mr Smith schnaubte genervt und sagte: »Das meine ich nicht. Du antwortest ab sofort mit ›Ja, Sir!‹ oder ›Nein, Sir!‹. Ist das klar?«

»Ja.«

»Wie bitte?«

»Äh, Sir. Ja, Sir«, presste ich heraus. Mein Herz klopfte wie wild und ich wollte wieder einmal weglaufen. Ganz schnell weglaufen.

»Nimm deinen Koffer und warte neben meinem Büro.«

Der Beamte vom Kinderschutzbund schüttelte den Kopf. Diese Art von Machtspielchen waren ihm zuwider. Er sagte zu mir: »Alles Gute, John«, und stieg dann wieder ins Auto. Mr Smith und er wechselten kein einziges Wort.

Ich lief mit meinem Koffer direkt auf das wunderschöne Gebäude zu, das nach dieser ersten Begegnung mit dem Heimleiter wie mit einem grauen Schleier überzogen schien und schon beim Eintreten unheimlich wirkte.

Niemand war zu sehen. Keine neugierigen Blicke oder dummen Kommentare von anderen Kindern. Das Büro war nicht zu übersehen. Es war groß, geräumig und hatte die beste Lage im ganzen Haus. Von hier aus hatte Mr Smith alles im Blick.

Vor der offenen Bürotür standen drei Stühle. Klein, aus Holz, unbequem. Ich setzte mich und stand gleich wieder auf, weil Mr Smith in sein Büro ging.

Diesmal würdigte er mich keines Blickes, sondern setzte sich an seinen Schreibtisch. Ich hörte, wie er Akten sortierte und schrieb. Die Zeit verging. Eine geschlagene Stunde ließ Mr Smith mich vor seiner Bürotür sitzen, bis er rief:

»McGurk! In mein Büro!« Ich ging in sein Büro und stellte mich vor seinen Schreibtisch. »Wo ist dein Koffer?«

»Draußen vor der Tür!«

»Es heißt, draußen vor der Tür, SIR!«, schrie er.

»Verzeihung. Draußen vor der Tür, Sir.«

»Hol ihn rein.«

»Jawohl … Sir.« Ich rannte auf den Flur und stand gleich darauf wieder vor seinem Schreibtisch.

»Auskippen«, befahl Mr Smith daraufhin.

»Wie bitte?« Mr Smiths Augen funkelten. »Äh, wie bitte, Sir!«

»Den Koffer. Auskippen. Sofort.«

»Aber warum, Sir?«

Verständnislos schaute ich auf meinen Koffer und dann auf Mr Smith, der vom Schreibtisch aufstand und um ihn herum auf mich zukam. »Weil ich es so will.«

Ich schüttete also meine Kleidung und die wenigen anderen persönlichen Gegenstände auf den Boden des Arbeitszimmers und Mr Smith machte sich daran, meine Sachen zu durchwühlen. Er ließ sich dabei viel Zeit. Als er endlich fertig war, befahl er: »Einpacken.« Gedemütigt sammelte ich mein Zeug ein.

Nachdem ich den Koffer zugemacht hatte, rezitierte Mr Smith die Hausregeln, die ich mir alle merken sollte.

Es waren viele Regeln, bei denen mir klar wurde, dass es Mr Smith vor allem um eines ging: Niemals durfte es zu Ärger oder Unannehmlichkeiten zwischen Kindern des Heims und den Einwohnern der nahe liegenden Stadt kommen. Unter keinen Umständen durfte der Ruf des Heims beschädigt werden.

Während Mr Smith weitere Verbote und Regeln erläuterte, wobei er mich nicht ansah, sondern im Büro umherspazierte oder aus dem Fenster schaute, betrachtete ich ein Gemälde an der Wand, auf dem ein alter Mann abgebildet war. Er sah streng aus und seine Augen erinnerten mich an die von Mr Smith. Es schien, als würde der Mann mich beobachten. Ich hatte Angst vor dem Bild, genauso wie vor Mr Smith und meiner Zeit in diesem Heim. Alles war unheimlich.

»… und außerdem wird alles gegessen, was auf den Tisch kommt. Ausnahmslos alles. Verstanden?«, beendete Mr Smith seinen Monolog.

Die nun entstandene Stille riss mich aus meinen Gedanken. Geistesgegenwärtig antwortete ich: »Jawohl, Sir«, und hoffte im gleichen Moment, dass ich die ganzen Regeln nicht wiederholen musste.

Aber Mr Smith schickte mich glücklicherweise direkt auf mein neues Zimmer. Ich atmete erleichtert auf, nahm meinen Koffer in die Hand und ging auf den Flur. Mein Zimmer lag ganz am anderen Ende des Hauses und meine Schritte hallten durch die langen Gänge.

Ich verlief mich mehrmals, bis ich es endlich gefunden hatte. Es war klein und spärlich eingerichtet. Ein Schrank, ein Bett, ein Tisch und ein Stuhl gehörten mir. Sie waren abgenutzt und hatten ihre besten Tage hinter sich.

Um 16:30 Uhr kamen die älteren Jungen aus der Schule. Ich sah sie durch ein Fenster, das sich direkt über meinem Bett befand und aus dem ich einen wunderbaren Blick in den Park und auf die Einfahrt hatte. Die Kinder sahen nett aus, unterhielten sich, lachten. Einen Schreck bekam ich allerdings, als ich sah, dass sie alle eine Uniform trugen. Es bereitete mir Unbehagen, als ich die kurzen Hosen sah, in denen die Jungen steckten.

Es handelte sich, wie ich später herausfand, um eine Heimuniform. Die Kinder des Jungenheims waren für alle Einheimischen gut sichtbar und somit eine besondere Zielscheibe für blöde Sprüche und Demütigungen. Ich würde da keine Ausnahme sein.

WIR HATTEN ANGST. ANGST VOR BESTRAFUNG, ANGST VOR SCHLÄGEN, ANGST VOR DEMÜTIGUNG.

Ich wurde von den anderen Jungen freundlich begrüßt und war gleich Teil der Gemeinschaft. Wir alle waren Leidensgenossen. Bei manchen Kindern waren die Eltern gestorben, andere hatten Vater und Mutter nie kennengelernt und vielen ging es so wie mir: Häusliche Gewalt und Überforderung machten es unmöglich für sie, bei den Eltern zu wohnen. Es war ein kleiner Lichtblick am Horizont, als ich merkte, dass ich mit meinem Schicksal nicht allein war. Viele der Kinder kamen wie ich aus den Armenvierteln von Glasgow und so fühlte ich mich dazugehörig. Meine schlimmen Erfahrungen und Verletzungen hielt ich aber unter Verschluss.

Mein erster Eindruck von Mr Smith wurde durch die Warnungen der anderen Jungen bestätigt.

»Pass bloß auf«, sagte Schuggy. »Nimm dich vor ihm in Acht. Der ist böse. Er spielt immer den großen Star, aber er ist fies und gemein.«

Niemand von uns hatte jemals wahren Respekt vor Mr Smith. Wenn er außer Hörweite war, verwünschten wir ihn regelmäßig. Wir hatten Angst. Angst vor Bestrafung, Angst vor Schlägen, Angst vor Demütigung. Und Mr Smith tat alles dafür, dass diese Angst blieb.

Ihm war es wichtig, in der Stadt als Persönlichkeit wahrgenommen zu werden. Er spielte den großen Wohltäter, der mit harter Hand ein Kinderheim führt und somit einen beträchtlichen Teil zum gesellschaftlichen Zusammenleben beiträgt. Wir waren für ihn die bösen Jungen, die auf den Pfad der Tugend zurückgeführt werden mussten.

So nahm uns auch die Bevölkerung wahr. Wir waren Ausgestoßene, minderwertige Kinder ohne Zukunft, die in der Stadt geduldet wurden, aber niemals dazugehören würden. Ich wüsste gern, wie viele Lügen über uns verbreitet wurden. Wie viele Halbwahrheiten dazu führten, dass uns Heimkindern wieder einmal ein Diebstahl in die Schuhe geschoben wurde. Und warum? Weil wir nicht das Glück hatten, in sozial stabilen Familien geboren zu werden. Weil ein Schicksalsschlag unsere Eltern zu früh aus dem Leben gerissen hatte. Wir wurden diskreditiert aufgrund von Umständen, für die wir nichts konnten. Wegen Umständen, unter denen wir selbst am meisten litten, wurden wir ausgegrenzt und bekamen nicht einmal die Chance, gesellschaftlich anerkannt zu werden.

> WIR ENTWICKELTEN HASSGEFÜHLE GEGEN DIE EINWOHNER UND VOR ALLEM GEGEN UNSERE MITSCHÜLER. DAS PASSIERT OFT, WENN MAN IMMER NUR ÜBEREINANDER UND NICHT MITEINANDER REDET.

Wir waren in den Augen der Einwohner des Städtchens anders, ungewöhnlich, absonderlich, gefährlich. Und Menschen wie Mr Smith taten nichts, um dieses Bild zu verändern. Im Gegenteil, er unterstützte dieses »Wir gegen die«-Denken noch.

Dieses Denken steckte jedoch nicht nur in den Köpfen der Einwohner des kleinen schottischen Städtchens, an dessen Rand sich ein Kinderheim befand. Dieses Denken steckt auch heute in den Köpfen von Menschen mitten in Berlin, Hamburg, New York oder Paris. Menschen, die anders sind, werden im günstigsten Fall mit Verachtung gestraft. Anders ist schlecht. Selbst in unserer scheinbar so aufgeklärten Gesellschaft werden Menschen, die anders denken oder aussehen, ausgegrenzt.

Glauben Sie mir, ich weiß, wovon ich rede. Ich habe diese Ausgrenzung erstmals im Kinderheim erfahren, und das hat bei mir eine Trotzreaktion hervorgerufen. Wir suchten in unseren eigenen Reihen Halt. Wir entwickelten Hassgefühle gegen die Einwohner und vor allem gegen unsere Mitschüler. Das passiert oft, wenn man immer nur übereinander und nicht miteinander redet, wenn Ängste geschürt und Mauern statt Brücken gebaut werden. Wir Heimkinder waren die Bösen und wir fanden uns mit der Rolle ab.

Wenn es dann doch mal eine Annäherung gab, wenn Schulkinder aus der Stadt ehrliches Interesse an uns hatten und wir miteinander redeten, dann wurde das von anderen Mitschülern im Keim erstickt. Einmal führte das zu einer Katastrophe. Und wie Sie sich denken können, war ich mittendrin, als diese Katastrophe passierte.

05

WIR GEGEN DIE

Es war mehr als nur ein kleiner Konflikt zwischen zwei Schuljungen. Es war ein »Wir gegen die«, die Heimkinder gegen den Rest der Welt.

Mein neues Zuhause, das »Lochvale Home«, befand sich in Dumfries, damals ein kleines Städtchen im Süden Schottlands. Mit den anderen Jungs aus dem Heim verstand ich mich relativ gut. Wir wurden »Old Boys« genannt und der Name war für mich fast ein Ritterschlag, auch wenn die meisten Einwohner der Stadt ihn verächtlich aussprachen. Eigentlich war es kein Wunder, dass sie diverse Vorbehalte gegen uns hatten, denn es war bekannt, dass das »Lochvale Home« viele Jungs aus den sozial schwachen Familien Glasgows aufnahm.

Wir waren eine verschworene Gemeinschaft. Wir hielten zusammen, vor allem in der Schule. Das »Wir gegen die«-Denken war an den Vormittagen besonders spürbar. Wir mussten auf der Hut sein.

Unsere Schulpausen verbrachten wir meist in einem Park, der gegenüber der Schule lag. In diesen Zeiten gab es manchmal, ganz selten nur, Momente, in denen die Heimkinder und die Kinder aus der Stadt ganz normal zusammensaßen und quatschten oder spielten.

Es war einer dieser eigentlich ganz normalen Momente, der die Katastrophe heraufbeschwor und den Auftakt für meine Qualen im »Lochvale Home« bildete. In einer Pause saß ich zwischen zwei meiner Mitschülerinnen und wir unterhielten uns und lachten. Beide Mädchen waren aus der Stadt, sehr nett und sie interessierten sich wirklich für den elfjährigen John aus dem Heim. Ich genoss es, mit ihnen zu scherzen, und fühlte mich wie ein ganz normaler Junge.

Doch plötzlich wurde der schöne Moment unterbrochen: »Ey Heimkind, wieso sitzt du neben den beiden Mädchen?«

Die Stimme kam von Frank, einem Mitschüler, der besonders auf die Trennung zwischen uns und den anderen bedacht war. Er stellte sich vor die Bank, stemmte die Hände in die Hüften und schaute verächtlich auf mich herab.

Die beiden Mädchen wurden unruhig und rückten von mir weg. Von ihnen konnte ich keine Unterstützung erwarten. Ich sah ihnen an, dass sie keinen Ärger wollten. Ich war jedoch solche Situationen mittlerweile gewohnt und reagierte gelassen. Ganz ruhig antwortete ich: »Sie haben mich gebeten, bei ihnen zu sitzen.«

AN DEN VORMITTAGEN IN DER SCHULE MUSSTEN WIR AUF DER HUT SEIN.

»Ach ja?«, erwiderte Frank. »Dann kannst du ja jetzt gehen. Ich denke, sie wollen jetzt nicht mehr, dass du neben ihnen sitzt.«

Triumphierend schaute er die beiden Mädchen an. Denen wurde die Geschichte immer unangenehmer.

»Nö«, kam es von mir wie aus der Pistole geschossen. »Warum sollte ich?«

Frank lachte auf. »Weil du ein Scheiß-Heimkind bist. Darum.«

Dann spuckte er auf meine Beine. Wütend sprang ich hoch und forderte ihn auf, die Spucke wegzuwischen. Die beiden Mädchen nutzten die Gelegenheit und liefen davon, aber nur, um wenig später mit vielen anderen Schülerinnen und Schülern zurückzukehren. Wir gegen die – da war es wieder. Den Streit zwischen einem Old Boy und einem Stadtkind wollte sich keiner entgehen lassen. Es lag eine handfeste Auseinandersetzung in der Luft.

Frank lachte wieder laut auf und spuckte noch einmal auf meine Beine. Ich reagierte blitzschnell und gab ihm eine schallende Ohrfeige. Er taumelte kurz, war völlig perplex und lief davon.

Ich dagegen setzte mich wieder auf die Bank, wischte mit einem schmutzigen Taschentuch die Spucke von meinem Bein und wartete. Ich wusste, was nun passieren würde. Frank würde zurückkommen. Aber nicht allein. Immer mehr Schülerinnen und Schüler versammelten sich vor der Bank und starrten mich an. Ich ignorierte sie und blieb einfach sitzen.

Wenige Augenblicke später kam Frank tatsächlich. Er hatte eine ziemlich rote Wange und außerdem einige Freunde im Schlepptau. Ältere Mitschüler, die ihre Pause nur zu gern unterbrachen, um sich ein Heimkind zur Brust zu nehmen.

»Los, entschuldige dich bei ihm«, forderte mich einer der älteren Jungen auf.

Das war mehr als nur ein kleiner Konflikt zwischen zwei Schuljungen. Es war ein »Wir gegen die«, Old Boys gegen den Rest der Welt oder zumindest gegen die vermeintlich gutbürgerlichen Kinder aus Dumfries. Das war mir klar. Und meinen Gegnern auch. Glücklicherweise brachten sich auch meine Old Boys langsam in Stellung, um mich zu unterstützen. Ich spürte sie im Rücken. Dieses Gefühl war wunderbar. Ich konnte mich auf meine Jungs verlassen und das gab mir Mut.

»Erst wenn er sich bei mir entschuldigt«, antwortete ich deshalb betont lässig.

Ich hörte, wie einer der Jungs auffallend laut Speichel in seinen Mund sog. Und dann spuckte er mir mitten ins Gesicht. Diese Demütigung konnte ich nicht auf mir sitzen lassen. Ich schrie auf und schlug den Jungen ins Gesicht. Es knackte. Ich hatte seine Nase getroffen.

Der Junge fiel um wie ein nasser Sack. Danach brach das Chaos aus. Eine so große Prügelei hatte es bis dahin in dem kleinen Städtchen nicht gegeben. Wir fielen alle übereinander her. Wer sich nicht schnell genug in Sicherheit brachte, bekam eine verpasst oder teilte selbst mit aus.

Wir tobten, schrien und kämpften um unser Leben. Unzählige Lehrer kamen, um uns zu trennen. Sie rissen uns auseinander und mussten höllisch aufpassen, damit sie nicht den einen oder anderen Schwinger abbekamen. Doch irgendwann schaffen sie es, die Prügelei zu beenden und wir standen alle in einer Reihe. Keuchend, schmutzig, mit bösem Blick. Ausgelaugt.

»Wer hat das hier angefangen?«, schrie der Direktor.

In diesem Moment beging ich einen schweren Fehler. Ich meldete mich mit der Absicht, von den Stadtkindern endlich respektiert zu werden. Ich dachte, wenn ich die Schuld auf mich und damit auf alle Heimkinder nahm, wären sie beeindruckt und würden uns nicht mehr wie Menschen zweiter Klasse behandeln. Ich dachte, sie würden sich ebenfalls als Schuldige zu erkennen geben und damit einen Schritt auf uns zu machen.

Weit gefehlt. Niemand sagte etwas. Verschämte Blicke auf den Boden. Frank versteckte sich hinter seinen älteren Freunden.

Der Direktor nahm mich mit in sein Büro. Nur mich. Er schäumte vor Wut und ich versuchte, ihm zu erklären, dass ich mehrmals angespuckt worden war. Doch davon wollte er nichts hören. Er war sehr dankbar, einen Schuldigen gefunden zu haben. Noch dankbarer war er, dass der Schuldige aus dem Heim kam. So bestätigten sich alle Vorurteile und der Schuldirektor konnte die Schuld und die Verantwortung weitergeben.

Das tat er sofort, indem er den Telefonhörer abnahm und Mr Smith anrief. Mir stockte der Atem. Daran hatte ich bisher nicht gedacht. Der Heimleiter würde ebenfalls ausrasten und dagegen würde der Wutanfall des Schuldirektors wie ein Freudentänzchen ausfallen, dessen war ich mir sicher.

Den restlichen Schultag konnte ich mich nicht mehr konzentrieren. Der Weg nach Hause wurde zu einem Spießrutenlaufen für uns Heimjungen. Wir wurden von den Stadtkindern verfolgt, sie umzingelten uns und traten auf uns ein. Es wurden immer mehr. Wir liefen, so schnell wir konnten, ins »Lochvale Home«.

Kaum waren wir im Heim angekommen, erblickte ich Mr Smith. »McGurk! In mein Büro«, schrie er mir entgegen.

Er stand vor seiner offenen Bürotür. Sein Gesicht war wutverzerrt. Dieses Mal klang seine Stimme nicht so emotionslos wie sonst. Ich merkte, dass er sich unheimlich beherrschen musste, um nicht direkt auf mich einzuschlagen. Seine Augen scannten mich von oben bis unten. In seiner Hand hielt er einen Ledergürtel. Er wartete, bis ich an ihm vorbei in sein Büro gegangen war, dann kam er hinterher, schloss die Tür und lehnte sich von innen an den Türrahmen. Ich stand mitten im Raum und drehte mich um.

Mr Smith schrie: »Siehst du den Gürtel?«

Ich wich seinem Blick aus.

»Schau mich an! Siehst du den Gürtel?«

Ich nickte verängstigt.

»Wenn du mir noch einmal Ärger machst oder mich und das Heim in Verruf bringst, dann werde ich von diesem Gürtel Gebrauch machen.«

»Aaaber …«, erwiderte ich zaghaft. »Ich wurde mehrmals angespuckt und …«

Er unterbrach mich sofort: »Ruhe. Die Kinder aus der Stadt lügen nicht. Da bin ich mir sicher. Und außerdem …«

Er machte eine Pause und kam auf mich zu. Er beugte sich zu mir herunter, sodass ich seinen Atem riechen konnte. Er stank nach Tabak und Alkohol. Mir wurde übel.

Leise flüsterte Mr Smith: »Außerdem habe ich dir schon oft gesagt, dass du mich mit Sir anreden sollst. Geht das wohl endlich mal in deinen verdammten Schädel hinein?«

Bei diesen Worten tippte er an meine Stirn. Wut stieg in mir hoch. Am liebsten hätte ich ihm ebenfalls die Nase gebrochen oder ihn ins Bein gebissen. Stattdessen sagte ich: »Ich lüge aber auch nicht, Sir. Nur weil ich arm bin und im Heim lebe, heißt das noch lange nicht, dass ich lüge.«

Smith packte mich, schleifte mich zur Tür, öffnete sie und warf mich aus seinem Büro, sodass ich das Gleichgewicht verlor, stolperte und mit voller Wucht auf dem harten Boden aufschlug. Das Ganze passierte in einer flüssigen Bewegung und ich hatte Glück, dass ich mich reaktionsschnell mit meinen Händen schützen konnte. So trug ich nur einige Prellungen davon.

Verdattert saß ich auf dem Boden und rieb mir meinen Ellenbogen. Neue Wut flammte in mir auf und ich schrie ihn an: »Das werden Sie noch bereuen. Ich werde alles meinen Eltern erzählen.«

Aber Mr Smith hatte sich bereits wieder im Griff, lachte kalt auf und sagte in seiner gewöhnlichen Emotionslosigkeit und voller Selbstgerechtigkeit von oben herab: »Deine Eltern? Dass ich nicht lache. Du wirst deine Eltern sowieso nicht wiedersehen. Hau bloß ab, bevor ich doch noch von dem Gürtel Gebrauch mache.«

Da war sie wieder. Die Einsamkeit. Die Demütigung. Das Gefühl, ein Nichts zu sein und niemanden zu haben, der mir zur Seite stand.

Ich schlich mich in mein Zimmer und verkroch mich unter meiner Bettdecke. Aus dem Gedanken »Wir gegen die« wurde in diesem Moment: »Ich alleine gegen den Rest der Welt.«

Menschen hatten mich enttäuscht, doch es gab etwas, das mir noch Freude machte. Ich entdeckte meine Liebe zur Natur neu und verbrachte sehr viel Zeit draußen. Der Sommer wurde vom Herbst abgelöst und ich liebte es, mit dem Herbstlaub zu spielen, stundenlang durch die Gegend zu streifen und meinen Gedanken nachzuhängen.

DA WAR SIE ALSO WIEDER. DIE EINSAMKEIT. DIE DEMÜTIGUNG. DAS GEFÜHL, EIN NICHTS ZU SEIN UND NIEMANDEN ZU HABEN, DER MIR ZUR SEITE STAND.

Ich nahm die Natur als echtes Gegenüber wahr, als etwas Schützendes und Heiliges. Vielleicht war das meine allererste Begegnung mit Gott. Draußen fühlte ich mich geborgen, außerdem nutzte ich jede Gelegenheit, um Mr Smith aus dem Weg zu gehen.

Der kontrollierte alles und jeden im Heim, ich fühlte mich ständig beobachtet. Außerdem las er unsere Post, und zwar alle Briefe, die aus dem Heim hinausgingen, und alle, die ankamen.

Da ich nie Post bekam, konnte Mr Smith zumindest in diesem Fall nicht über mich bestimmen. Dabei hätte ich das gern in Kauf genommen, wartete ich doch sehnsüchtig auf ein Lebenszeichen von meiner Familie. Nur zweimal konnte ich mit meiner Schwester Mary telefonieren, sonst hat sich nie jemand bei mir gemeldet.

06

NUR DIE TREPPE RUNTER-GEFALLEN

Es war die Hölle auf Erden,
die sich da in meinem Zimmer auftat.
Und es war niemand da,
der mich beschützt hätte.

Glücklicherweise bekamen zumindest die anderen Kinder Post. Schuggy zum Beispiel. Schuggy war einer meiner wenigen ganz engen Vertrauten unter den Old Boys. Er war älter als ich und ich war für ihn so etwas wie ein kleiner Bruder. Schuggy passte auf mich auf und verteidigte mich, so gut es ging.

Als er einmal einen Brief von seiner Tante las, den er gerade bekommen hatte, freute er sich wie ein kleines Kind an Weihnachten. Er las mir die Zeilen noch vor dem Abendessen mehrmals vor.

»Kannst du das glauben, John?«, fragte er immer wieder. »Meine Tante hat eine Katze nach mir benannt. Ist das nicht wunderbar?«

Ich freute mich von Herzen mit ihm. Schuggy konnte zwar nicht besonders gut lesen, aber seine immer wieder stockende Stimme brachte wohltuende Abwechslung in meine Gedanken. Endlich bekam ich mal etwas von der Außenwelt mit. Es gab also doch Menschen, die sich für uns Heimkinder interessierten. Auch wenn es nicht meine eigenen Eltern waren, dieser Brief machte mich froh.

Auf dem Weg zum Abendessen war es jedoch schon wieder vorbei mit der guten Stimmung. Meine allabendliche Herausforderung stand mir bevor und sie kündigte sich schon von Weitem durch einen intensiven Geruch an. Meine Herausforderung hieß: Käse.

Immer wieder diese eine stinkende Sorte Käse. Ich mag grundsätzlich keinen Käse und diese eine Sorte schon gar nicht. Und doch musste ich an jedem Abend ein großes Stück davon essen. Er war günstig und nahrhaft und die Köchin kaufte ihn kiloweise.

Manchmal gelang es mir, den Käse unauffällig verschwinden zu lassen, oder ich verschenkte ihn erfolgreich an einen meiner Sitznachbarn. Wenn ich ihn doch runterwürgen musste, dann trank ich mindestens einen halben Liter Wasser hinterher. Mr Smith war natürlich auch beim Abendessen anwesend und passte auf, dass wir uns gut benahmen. Bisher war es mir immer gelungen, die Käseherausforderung erfolgreich zu bestehen.

An diesem Abend jedoch überkam mich, nachdem ich den Käse in mich hineingezwängt hatte, eine so große Übelkeit, dass sämtliche Schluckreflexe aussetzten und ich mich einmal quer über den Tisch übergab.

Als hätte Mr Smith nur darauf gewartet, sprang er von seinem Platz auf, kam schnurstracks auf mich zu und gab mir eine Ohrfeige. Dann setzte er sich wieder hin und aß seelenruhig weiter. Die anderen Jungs wagten nicht, sich einzumischen.

Noch im Bett war mir übel. Immer wieder dachte ich an die Ohrfeige und fragte mich, warum gerade ich immer bestraft wurde. Ich fühlte mich hundeelend und schlief sehr schlecht. Albträume plagten mich. Ich träumte, dass meine Mutter gestorben war, und war so gefangen in meinen Gedanken, dass ich in halb wachem Zustand aus dem Bett stieg, in den Flur rannte und laut nach ihr rief.

Nun war ich wach, hatte aber Mühe, mich zu orientieren, und lief die Treppe hinunter. Ich sah, dass im Büro von Mr Smith noch Licht brannte. Normalerweise wäre das der letzte Ort gewesen, an dem ich hätte sein wollen, aber in dieser Situation wusste ich keinen anderen Ausweg. Die Dielen knarrten unter meinen nackten Füßen. Ich stieß die Tür auf und rief mit wimmernder Stimme: »Mr Smith, Sie müssen mir helfen. Meine Mutter ist in Lebensgefahr. Bitte rufen Sie meine Mutter an.«

Mr Smith thronte hinter seinem Schreibtisch, auf dem sich viele Flaschen befanden. Erst jetzt merkte ich, dass er nicht allein war. Eine Frau und zwei weitere Männer saßen ebenfalls im Büro. Sie musterten mich von oben bis unten und die Frau sagte in leicht spöttischem Ton: »Ach guck mal, der arme Junge hat sich in die Hosen gemacht. Wahrscheinlich hatte er einen Albtraum.«

Ich sah an mir herunter. Das Malheur war mir in meiner Angst gar nicht aufgefallen.

NORMALERWEISE WÄRE DAS BÜRO VON MR SMITH DER LETZTE ORT GEWESEN, AN DEM ICH HÄTTE SEIN WOLLEN, ABER IN DIESER SITUATION WUSSTE ICH KEINEN AUSWEG.

»Bitte Mr Smith, ich habe Angst«, schluchzte ich.

Mr Smith war offensichtlich angetrunken. Er stand auf, schwankte kurz und hielt sich am Schreibtisch fest. Dann kam er auf mich zu, legte mir seine Hand auf die Schulter und sagte fast liebevoll: »John, ganz ruhig. Ich bringe dich wieder in dein Zimmer.«

Er entschuldigte sich bei seinen Gästen und schob mich aus seinem Büro. Obwohl ich so viele schlechte Erfahrungen gemacht hatte, fühlte ich mich in diesem Moment sicher bei ihm und war bereit, Vertrauen zu fassen. Wir gingen die Treppe hinauf. Mittlerweile waren auch viele andere Heimkinder wach geworden und standen neugierig im Flur. Mr Smith machte ihnen deutlich, dass sie sofort wieder in ihren Zimmern verschwinden sollten.

Ich sah in ihre erschrockenen Gesichter und meine Angst kehrte zurück. Wie geprügelte Hunde verschwanden die anderen wieder in ihren Betten. Einige Old Boys warfen mir vorher noch einen tieftraurigen Blick hinterher.

In meinem Zimmer angekommen, schloss Mr Smith die Tür hinter sich. Ich fragte ihn leise, ob er jetzt sauer auf mich wäre. Er antwortete nicht sofort, sondern holte erst einmal tief Luft. Und dann explodierte er.

Er schrie mich an, was mir denn einfallen würde, ihn so vor seinen Gästen zu blamieren. Mit jedem seiner Wörter wurde die Welt um mich herum dunkler.

Es fällt mir schwer, die passenden Worte zu finden, und ich habe lange überlegt, ob ich diese Situation wirklich in aller Ausführlichkeit beschreiben soll. Ich habe mich dafür entschieden, weil ich weiß, dass auch viele Kinder heute diese Art von Erlebnissen aushalten müssen. Weil Kinder, die ein Recht auf ein faires und freies Leben haben, durch die Hölle gehen und nichts, aber auch rein gar nichts dafür können. Wir müssen endlich hinhören. Und hinschauen.

Hölle.

Genau so stelle ich sie mir vor.

Es war die Hölle auf Erden, die sich da in meinem Zimmer auftat. Und es war niemand da, der mich beschützt hätte.

Die Situation ist auch heute noch so erschreckend präsent, dass ich mich an jedes Detail genau erinnere.

Mr Smith schrie mich an: »Sauer? Du fragst mich, ob ich sauer bin? Du störst! Du bringst meinen guten Namen in Verruf. Du bist ein Störenfried!«

Er packte mich im Nacken. Ich versuchte, mich loszureißen, aber sein Griff war wie ein Schraubstock.

Ich schrie: »Entschuldigung! Ich werde Sie ganz sicher nicht mehr stören. Das verspreche ich.«

Sein Hass schien noch größer zu werden. Ich hatte Angst, dass er mir das Genick brechen würde, so fest grub sich seine Hand in meinen Nacken. Dann schleuderte er mich mit voller Wucht gegen die Wand. Mit dem Aufprall zerbrach in mir auch der allerletzte Rest meines kindlichen Lebens, meines Vertrauens und der Hoffnung an ... ja, an was eigentlich?

Mein ganzer Körper schrie vor Schmerzen, ich sank zu Boden, verlor jegliche Orientierung und wimmerte leise: »Bitte, ich bin doch nur ein Kind. Was kann ich Ihnen schon anhaben. Bitte, nicht schlagen.«

Mr Smith dachte aber gar nicht daran, aufzuhören. Im Gegenteil. Er nahm nun seinen gefürchteten Ledergürtel und prügelte auf mich ein. Immer wieder. Meine Lippe platzte auf, direkt am Auge traf er mich mit voller Wucht, das Blut spritzte, ich schrie.

Ich versuchte, unter mein Bett zu kriechen, ihm zu entkommen, meinem Peiniger zu entfliehen, aber er packte mich erneut und schleuderte mich wie eine Puppe durchs Zimmer. Aus Angst machte ich mir erneut in die Hose. Ich versuchte, mich nach jedem Schlag oder Tritt wieder aufzurappeln, aber ich schaffte es nicht immer.

Mr Smith schlug mich weiter, nicht nur mit dem Gürtel, auch mit der flachen Hand. Sein irrer Blick fixierte mich und er schlug und schlug und schlug.

Doch je mehr er auf mich einschlug, umso weniger Schmerzen verursachten seine Schläge. Es war, als würde meine Seele meinen Körper immer mehr verlassen. Ich fühlte die Schläge noch, aber sie konnten mir nicht mehr so viel anhaben. Und auf einmal machte es »Klick«.

Für mich war es, als ob in meinem Unterbewusstsein und in meinem Nervensystem ein Schalter umgelegt worden wäre. Ich habe dieses »Klick« tatsächlich gehört. Mein Körper schaltete auf Autopilot. Meine Sinne versagten. Ich fühlte mich bewusstlos, wie tot und starrte den Heimvater nur noch an. Ohne Angst. Ich hielt auch nicht mehr die Hände schützend vor mein Gesicht. Ich ließ es einfach geschehen.

Vielleicht zog mein Körper einfach den letzten Joker, den er noch zur Verfügung hatte: Komplett dicht machen und sich verweigern.

Als Mr Smith, der gerade zu einem weiteren Schlag ausholte, meinen ausdruckslosen Blick sah und wie leblos ich dalag, sprang er panisch zurück. Vielleicht wurde ihm bewusst, dass er mich umbringen würde, wenn er weiter zuschlug. Aber war ich nicht schon tot?

Obwohl ich so abwesend war, kann ich mich an das erinnern, was weiter geschah. Mr Smith nahm hektisch seinen Gürtel, fuhr sich durch die Haare, steckte sein Hemd wieder ordentlich in die Hose und verließ den Raum. Ich hörte, wie sich die Schritte immer weiter entfernten.

Dann erklang eine weibliche Stimme: »Mr Smith, was war da eben los? Hören Sie mal, haben Sie den Jungen verprügelt? Also Sie können hier ja machen, was Sie wollen, aber ich will damit nichts zu tun haben.«

Den Gästen war also nicht verborgen geblieben, dass der Heimvater mich windelweich geprügelt hatte. Aber sie waren nur darauf bedacht, nicht in Verruf zu geraten. Nicht einen einzigen Gedanken verschwendeten sie daran, wie es wohl dem Jungen gehen musste, der da gerade das Opfer einer perfiden Gewalttat geworden war.

Ich hörte, wie Mr Smith versuchte, die Frau zu beruhigen. Irgendwann wurde es wieder ruhig auf dem Flur.

Langsam verließ mich die Taubheit, meine Sinne nahmen ihren Dienst wieder auf und der Schmerz brandete durch meinen Körper. Ich zog mich am Fenstersims hoch und schaute in den Nachthimmel. Ich öffnete es und sog die Nachtluft ein. Ich musste husten, aber es war eine Erleichterung, endlich frische Luft zu atmen. Draußen in der Natur versprach ich mir Zuflucht.

Und ich betete um Beistand und Hilfe. Der Blick in die Natur war mein Mekka, meine Kirche, meine Klagemauer.

WENN MIR JEMAND IN DIESEM MOMENT ERZÄHLT HÄTTE, DASS ES EINEN GOTT GIBT, DER UNS MENSCHEN LIEBT UND DER BESONDERS DIE KINDER MAG, DANN HÄTTE ICH IHN DEFINITIV FÜR VERRÜCKT ERKLÄRT.

Wenn mir jemand in diesem Moment erzählt hätte, dass es einen Gott gibt, der uns Menschen liebt und der besonders die Kinder mag, dann hätte ich ihn definitiv für verrückt erklärt. Aber ich spürte, dass ich übernatürliche Hilfe brauche. Ich glaube, dass mir Gott in diesem Moment begegnet ist, konnte es aber nicht benennen. Ich flehte einfach nur, dass mir doch jemand helfen möge.

In jener Nacht schlief ich nicht richtig, war aber auch nicht richtig wach. Immer wenn ich kurz einnickte, war es, als würde ich fallen. Immer weiter, immer tiefer. Doch kurz vor dem Aufprall schreckte ich wieder hoch. Und schrie.

Ein paar Jungs aus meinem Nachbarzimmer hörten mich. Sie schlichen sich in mein Zimmer, um zu schauen, wie es mir ging. Als sie mich dort liegen sahen, zögerten sie keine Sekunde: Sie trugen mich in den Duschraum, wuschen mich und brachten mich wieder zurück ins Bett. Diese Jungs waren meine barmherzigen Samariter. Sie haben mich nach ihren Möglichkeiten unterstützt.

Ich konnte nichts sagen, war wie betäubt, aber dankbar für die Hilfe. Einer der Jungs, ich weiß seinen Namen leider nicht mehr, blieb noch eine Zeit an meinem Bett sitzen. Immer wenn ich wieder aus dem Schlaf hochschreckte, beruhigte er mich und flüsterte: »Schh, John, alles okay. Ich bin ja bei dir.«

Hier zeigte sich der Zusammenhalt der Old Boys sehr deutlich. Viele der Jungs wussten, was ich durchmachte, denn auch sie waren schon von Mr Smith verprügelt worden. Mehrmals. Er prügelte sich oft regelrecht in Trance, das war nicht nur meine Erfahrung, wie mir später andere Old Boys erzählten.

In diesem Moment tat es gut, die Jungs an meiner Seite zu wissen. Auch wenn wir alle Angst hatten und nichts gegen den Heimleiter ausrichten konnten, so war es doch beruhigend, dass es Menschen gab, die wussten, wie ich mich fühlte.

Der nächste Morgen brachte das ganze Unglück zum Vorschein. Als ich die Augen öffnete, sah ich meine mit Blut und Urin verschmutzte Matratze. Ich konnte mich kaum bewegen und schleppte mich unter größter körperlicher Anstrengung in den Duschraum. Die anderen Jungs waren wirklich einiges gewohnt, aber als sie mich nackt unter der Dusche sahen, schrien ein paar von ihnen vor Entsetzen auf. Mein Körper war übersät mit Blutergüssen und Wunden. Auch im Gesicht war ich verletzt. Aber die schlimmsten Schmerzen waren die, deren Auswirkungen man nicht sah: die innere Demütigung und Hilflosigkeit.

Als ich unter der Dusche stand und das Wasser über meinen Körper lief, empfand ich dies als Wohltat, auch wenn ich kaum imstande war, mich auf den Beinen zu halten.

Plötzlich kam Mr Smith in den Duschraum und ich zuckte zusammen. Ob er mich wieder verprügeln würde. Aber er stand nur mit verschränkten Armen da, schaute mich an und fragte herablassend: »Na, McGurk? Bist heute Nacht die Treppe runtergefallen, hm?«

Ich blickte ihn ausdruckslos an und nickte. »Ja, ich bin die Treppe runtergefallen und habe mich verletzt.«

Dann war alles wie immer. Das Gemurmel der Jungs, die sich auf dem Weg zum Speisesaal unterhielten. Das Klappern des Geschirrs. Selbst die Köchin summte vor sich hin. Wie immer.

Und doch war nichts mehr wie vorher. Ich hatte in den letzten Stunden meinen Willen verloren.

Gewalt ist ein sehr wirksames Mittel, um Menschen gefügig zu machen. Es funktioniert besonders bei denjenigen, die niemanden sonst haben und dem Täter völlig ausgeliefert sind. Bei Menschen wie mir.

ER STAND MIT VER-SCHRÄNKTEN ARMEN DA UND FRAGTE HERABLAS-SEND: »NA, MCGURK? BIST HEUTE NACHT DIE TREPPE RUNTERGEFALLEN, HM?«

Zum Frühstück aß ich nichts. In der Schule saß ich wie paralysiert in der Bank. Stunde um Stunde. Am Ende der letzten Stunde merkte ich, dass es warm an meinen Beinen wurde. Ich schaute nach unten und sah, dass ich mir wieder in die Hosen gemacht hatte. Ich legte den

Kopf auf das Pult und fing an zu weinen. Scham, Wut und Angst kehrten zurück. Ich konnte einfach nicht mehr.

Meine Lehrerin reagierte glücklicherweise sehr besonnen. Sie informierte den Direktor und der schickte mich auf direktem Wege ins Krankenhaus. Dort wurde ich gründlich untersucht.

»Ich bin die Treppe runtergefallen«, antwortete ich jedes Mal, wenn mich jemand fragte, wie das denn passiert sei. Das Krankenhauspersonal wusste, dass das nicht stimmte, und versuchte, mich zu beruhigen. Sie brauchten nicht die Untersuchungsergebnisse abzuwarten, um zu erkennen, dass ich schwer traumatisiert war.

Als sie mich an ein EKG-Gerät anschließen wollte, fragte ich die Krankenschwester: »Willst du mir auch wehtun?«

»Nein, John. Wir wollen dir helfen«, beruhigte sie mich.

Ich fing an zu weinen. Wieder einmal. Ich wusste nicht mehr, wer gut und wer böse war.

Wobei, das stimmt nicht ganz. Mr Smith konnte ich eindeutig der Fraktion »Böse« zuordnen. Als er zu mir ins Krankenhaus kam, wurde ich so unruhig, dass die Ärzte ihn von mir fernhielten und ein ernstes Gespräch mit ihm führten. Gebracht hat es nichts. Am gleichen Tag wurde ich aus dem Krankenhaus entlassen und kehrte ins Heim zurück.

Es war nicht das einzige Mal, dass Mr Smith mich schlug. Jedes Mal musste ich bei der offiziellen Variante bleiben: »Ich bin die Treppe runtergefallen.«

»Einem Heimkind wird niemand glauben. Überleg dir gut, ob du jemandem die Wahrheit sagen willst«, warnte er immer. Ich habe ihm geglaubt.

Die Ärzte im Krankenhaus verschrieben mir Antidepressiva und eine Psychotherapie. Die Antidepressiva stellten mich ruhig, ach was, ich wurde regelrecht unter Drogen gesetzt. Dreimal am Tag wurden mir 25 Milligramm Amitriptylin verabreicht, ein Antidepressivum, das selbst ein Erwachsener höchstens einmal am Tag bekommt. Für Kinder war es eigentlich verboten, aber der Arzt verschrieb es und Mr Smith, als mein Vormund, verabreichte es mir.

Auch hier liegen mir Dokumente vor, die eindeutig beweisen, dass ich mit diesem Medikament ruhiggestellt wurde. In einem Bericht steht sogar: »Johns Verhalten hat sich sehr gebessert. Er sitzt einfach in der Ecke und ist ganz ruhig.«

Das Medikament half zwar nicht mir, wohl aber Mr Smith, denn so konnte er sicher sein, dass ich nichts von den traumatischen Erlebnissen erzählen würde. Was mir jedoch wirklich half, war die Psychotherapie. Einmal in der Woche kam ein netter junger Mann, mit dem ich mich unterhalten konnte. Ich freute mich auf seine Besuche und fasste Vertrauen zu ihm. Er war witzig und interessierte sich für mich und mein Leben. Er brachte mir Musikmagazine mit und in seiner Gegenwart blühte ich auf. Ich überlegte mir schon Tage vorher, worüber ich mit meinem Besuch reden würde, erzählte den anderen Old Boys stolz von den Meetings und fieberte den Treffen entgegen.

»EINEM HEIMKIND WIRD NIEMAND GLAUBEN. ÜBERLEG DIR GUT, OB DU JEMANDEM DIE WAHRHEIT SAGEN WILLST«, WARNTE ER.

Allerdings erzählte ich auch ihm, immer wenn er danach fragte, dass ich die Treppe hinuntergefallen sei und mir dabei die Blessuren zugezogen hätte. Wahrscheinlich hätte ich diesem

Menschen irgendwann die Wahrheit gesagt, aber dazu kam es leider nicht. Mr Smith beobachtete unsere Treffen mit großer Skepsis und setzte durch, dass sie seltener wurden. Irgendwann trafen wir uns nur noch einmal im Monat und dann war die Therapie plötzlich vorbei.

Kurz vor unserem letzten Treffen schenkte der junge Mann mir noch eine Musikzeitschrift. Es war die Oktoberausgabe. »Ich wünsche dir alles Gute«, sagte er zum Abschied. »Bleib stark und lass dich nicht unterkriegen.«

Mit der Zeitschrift unter meinem Arm ging ich in mein Zimmer. Ich hütete die Magazine wie meinen Augapfel und blätterte sie oft gedankenverloren durch. Der aktuellen Ausgabe lag ein Sonderteil bei, eine Extraausgabe aus aktuellem Anlass: Halloween stand vor der Tür. Hexen, Zauberer und andere hässliche Fratzen grinsten mich an. Sofort waren die Bilder wieder da: Blut, der Blick von Mr Smith, das gruselige Gemälde in seinem Arbeitszimmer, der Gürtel. Erschrocken klappte ich das Heft zu.

Ich wusste: Der Albtraum war noch lange nicht vorbei.

07

GRUSEL-GESCHICHTEN

Hinter vorgehaltener Hand
machte der Witz die Runde,
dass sich Mr Smith gar nicht
mehr verkleiden müsse,
er sehe ja auch so schon aus
wie ein Zombie.

Oktober 1972 – Halloween stand vor der Tür. Das führte in einem kleinen Städtchen wie Dumfries schon mal zum Ausnahmezustand. Es war ja auch sonst nicht viel los hier. Nur ein paar Touristen schauten manchmal vorbei, um den historischen Ortskern zu begutachten oder das Robert-Burns-Museum zu besuchen.

Bei uns im Heim war die geplante Halloweenparty schon wochenlang das Gesprächsthema Nummer eins. Ich sah der Feierlichkeit allerdings mit sehr gemischten Gefühlen entgegen, riefen die Horrormasken doch eher ungute Erinnerungen in mir wach. Natürlich wusste ich, dass die als Zauberer und Hexen verkleideten Menschen mir nichts anhaben konnten, aber das ungute Gefühl blieb.

Ich ließ mir jedoch nichts anmerken, schließlich wollte ich nicht auffallen, um mir nicht erneut Ärger mit Mr Smith einzuhandeln. Je näher die Party rückte, umso mehr verflog meine Angst. Ich scherzte sogar mit den anderen Jungs über die besten Kostümideen.

Hinter vorgehaltener Hand machte der Witz die Runde, dass sich Mr Smith gar nicht mehr verkleiden müsse, er sehe ja so schon aus wie ein Zombie und würde garantiert auf jeder Halloweenparty den ersten Platz bei der Prämierung des besten Kostüms belegen.

Es tat gut, die Ängste einfach wegzulachen und dem trüben Alltag zu entfliehen. Am 31. Oktober startete im Heim um 19 Uhr eine Party mit ein paar Gruselgeschichten und leckeren Süßigkeiten. Es war meine erste richtige Halloween-Party und ich dachte bei mir: »Wenn das schon alles an Grusel war, dann wird es vielleicht gar nicht schlimm.«

Nur der angekündigte Überraschungsgast bereitete mir Bauchschmerzen. Um Punkt 21 Uhr sollte er vorbeikommen. Je mehr der Zeiger der Uhr sich der Neun näherte, umso unruhiger wurde ich. Als ich mein Glas mit Limonade nahm, um einen Schluck zu trinken, merkte ich, dass meine Hände zitterten. »Bloß kein Aufsehen erregen«, redete ich mir immer wieder ein.

Plötzlich schaltete jemand das Licht aus. Mir stockte der Atem. Alle schrien auf, auch ich. Nur klang es bei mir nicht amüsiert, sondern verängstigt. Schemenhaft konnte ich erkennen, dass eine Gestalt in den Saal huschte.

Sie hielt eine Taschenlampe in der Hand und kam auf uns zu. Ich sah, dass sich da jemand als Hexe verkleidet hatte. Gespenstisches Lachen begleitete den Auftritt. »Hehehehe!« Schließlich hatte die Hexe die Mitte des Saals erreicht, wo eine flackernde Kerze stand.

Wir Old Boys saßen alle im Kreis. Die Hexe blickte sich um und fragte mit unheimlicher Stimme: »Wen soll ich denn auf meinem Besen mitnehmen?«

Die Maske war wirklich perfekt. Eine Hakennase, schiefe Zähne, rote Augen und eine dicke Warze zierten ihr Gesicht. Sie hatte ein altes Kopftuch umgebunden und ihre Hände waren lang und knochig.

Mittlerweile hatte ich große Angst. Die Hexe schnellte immer mal wieder auf einen von uns zu und tat so, als ob derjenige das auserwählte Opfer wäre, den sie auf ihrem Hexenbesen entführen wollte. Die Jungs schrien vor Vergnügen. Einige meldeten sich sogar freiwillig und riefen. »Nimm mich! Nimm bitte mich!«

Mir dagegen wurde schlecht. Ich krallte mich mit beiden Händen an meinem Stuhl fest und stammelte in Gedanken: »Bitte nimm nicht mich! Bitte nimm nicht mich.«

Die Hexe leuchtete sich die ganze Zeit mit ihrer Taschenlampe ins Gesicht. Wer auch immer unter dem Kostüm steckte – diese Person genoss ihren Auftritt ziemlich. Sie schnitt Grimassen und ihr schwarzer Umhang flatterte umher. Irgendwann rief sie laut: »Es ist so weit. Ich habe mir meine Beute ausgesucht. Er gehört mir.«

Alle hielten den Atem an. Sie drehte sich wie wild im Kreis, streckte den Arm aus, und als ihre knochigen Finger auf mich zeigten, schrie sie: »Du bist es.«

Dann stürzte sie auf mich zu und warf ihren schwarzen Umhang über mich. Die ganze Anspannung löste sich in einer Panikattacke auf und ich schrie laut: »Bitte schlag mich nicht. Bitte tu mir nicht weh. Ich habe Angst.«

> DIE HEXE DREHTE SICH WIE WILD IM KREIS, STRECKTE DEN ARM AUS, UND ALS IHRE KNOCHIGEN FINGER AUF MICH ZEIGTEN, SCHRIE SIE: »DU BIST ES.«

Die nette alte Dame aus der Stadt, die sich als Hexe verkleidet hatte, verließ ihre Rolle sofort und ordnete an, Licht zu machen. Alle Augen waren auf mich gerichtet. Ich lag zusammengerollt wie ein kleines Kind auf dem Boden und weinte. Die Frau sprach beruhigend auf mich ein, während ich immer noch wimmerte: »Bitte nicht schlagen. Bitte nicht schlagen.«

Dreißig Jungs, von denen die meisten den Spaß gern mitgemacht hätten, saßen im Kreis – und ausgerechnet mich hatte die Hexe ausgewählt. Die fröhliche Gruselstimmung war verflogen.

Plötzlich erschien Mr Smith in meinem Blickfeld. Er packte mich unsanft am Handgelenk, zog mich aus dem Zimmer und schrie mich an: »Natürlich, wieder mal der kleine Johnny. Immer musst du Ärger machen. Seit Jahren feiern wir hier Halloween-partys. Es ist immer ein Riesenspaß. Doch kaum bist du dabei, werde ich wieder bis auf die Knochen blamiert!«

Während er redete, schleifte er mich den Flur entlang bis zur Treppe. Dann baute er sich vor mir auf und rief drohend: »Verzieh dich auf dein Zimmer.«

Er ließ mich stehen und kehrte zu den anderen zurück. Ich schlich mit hängendem Kopf die Treppe hinauf, warf mich auf mein Bett und weinte bitterlich. Es war eine Mischung aus Erleichterung, diese fürchterliche Party endlich verlassen zu haben, und Traurigkeit, nicht Teil der Gemeinschaft sein zu dürfen. Ich wollte doch dazugehören. Auch wenn Mr Smith mir die schlimmsten körperlichen und seelischen Wunden zufügte, so wollte ich ihm doch gefallen. Ich wollte es ihm recht machen und Anerkennung von ihm bekommen.

Etwas in mir glaubte wirklich daran, dass ich der Schuldige in dem ganzen Spiel war. Dass ich die Party versaut hatte und dafür verantwortlich war, dass Mr Smith Probleme bekam. Ich fühlte mich als Opfer und Täter zugleich, als Störenfried der Gemeinschaft und als Außenseiter im Kinderheim.

ICH FÜHLTE MICH ALS OPFER UND TÄTER ZUGLEICH, ALS STÖRENFRIED DER GEMEINSCHAFT UND ALS AUSSENSEITER IM KINDERHEIM.

Später habe ich noch oft über dieses Erlebnis nachgedacht, über den Zwiespalt meiner Gefühle nach der Halloweenparty. Er steht sinnbildlich für diese Lebensphase, in der ich nicht geliebt wurde und mich deshalb auch selbst verachtete.

08

EIN FUNKEN HOFFNUNG

Wir fingen noch
am selben Abend an,
unsere Flucht zu planen.

»Heute nach dem Abendessen bleibt ihr alle auf euren Plätzen sitzen. Ich habe euch etwas Wichtiges zu sagen.«

Mr Smith trug diese Ankündigung mit vollem Mund und relativ viel Pathos vor. Seine Tischmanieren waren längst nicht so wie die, die er von uns einforderte.

Als er sich wieder setzte, um weiterzuessen, rätselten wir natürlich, was für eine wichtige Mitteilung das wohl wäre. »Vielleicht wird das Kinderheim geschlossen«, tönte es aus der einen Ecke.

»Oder Mr Smith wird in ein anderes Heim versetzt«, mutmaßte ein Junge neben mir.

»Oh Gott, bitte, lass das wahr werden«, dachte ich und konnte das Ende der Mahlzeit kaum abwarten.

Schuggy saß neben mir und aß in aller Seelenruhe weiter. Er aß immer schnell und viel. Zwischen seiner vierten und fünften Scheibe Brot raunte er mir zu: »So viel Glück werden wir wohl leider nicht haben. Niemals wird Smith hier weggehen.«

Ich hoffte trotzdem auf eine gute Nachricht.

»Ich werde für ein langes Wochenende wegfahren. Familiäre Angelegenheiten«, erklärte Mr Smith, nachdem wir das Geschirr abgeräumt hatten und wieder an unseren Tischen saßen. »In dieser Zeit wird eine Vertretung hier die Stellung halten. Das war's. Ihr könnt gehen.«

Das war's?

Wusste Mr Smith eigentlich, was er uns da verkündet hatte? Es war, als würden Weihnachten und Ostern auf einen Tag fallen. Das war genau die Möglichkeit, auf die ich, auf die viele von uns gewartet hatten. Nur einen einzigen Augenblick nicht von den scharfen Augen des Heimleiters beobachtet werden. Nur einen einzigen Augenblick! Das war unser Wunsch. Und der Himmel schenkte uns gleich ein ganzes Wochenende!

Wir standen vom Tisch auf und drängten zur Tür.

»Ach Moment noch.«

Wir blieben stehen und drehten uns um. Mr Smith sah uns alle der Reihe nach an. Dann blieb sein Blick an mir hängen: »Wenn auch nur einer von euch auf dumme Gedanken kommt, dann werdet ihr das bitterlich bereuen. Ist das klar?«

Ein Schauer lief mir über den Rücken. Ich nickte, wich seinem Blick aus und schob ein »Ja, Sir« hinterher.

Auf dem Zimmer hatte ich die Drohung jedoch bereits vergessen. Ich hatte mich verändert. Die Schläge, die ganzen Misshandlungen und das Mobbing hatten mein Herz noch härter gemacht. Die Verletzungen hatten vieles zerstört, aber der fast zwölfjährige Johnny war weit mehr als nur als ein Opfer von Gewalt.

Die Wunden in meiner Seele fingen langsam an, zuzuwachsen, und hinterließen hässliche Narben. Immer wenn eine neue Verletzung hinzukam, taten alle anderen auch wieder weh. Aber ich entwickelte Mechanismen, um sie schnell zu vergessen und wegzudrücken, und eine Devise lautete: Angriff! Vollgas!

Auch wenn ich auf den ersten Blick ängstlich rüberkam, fast schüchtern, so war ich doch mit allen Wassern gewaschen, wehrte mich, so gut es ging, war frech und in den Momenten, in denen ich mich sicher fühlte, durchaus nicht auf den Mund gefallen. Trotz meines jungen Alters wurde ich von den anderen Jungen respektiert.

Größere Streiche, die scharf an der Grenze zur Straffälligkeit waren, hatten mir Respekt und Selbstbewusstsein beschert und daran konnte niemand etwas ändern. Auch so eine scharfe Ansage aus dem Mund des fiesen Mr Smith nicht.

Wir fingen noch am selben Abend an, unsere Flucht zu planen. Neun andere Jungen und ich baldowerten einen in unseren Augen sehr sicheren Plan aus. Das alte Ehepaar, das unseren Heimleiter vertreten würde, stellte kein großes Hindernis dar. Die beiden waren sehr nett, aber nicht halb so aufmerksam wie Mr Smith. Außerdem kannten sie die Abläufe und den Heimalltag nicht und ehe sie überhaupt merken würden, dass wir weg waren, wären wir längst über alle Berge.

Wir wollten durch die Fenster abhauen, denn die waren vom Büro und von der Wohnung des Heimleiters aus nicht einzusehen. Ein gewisses Risiko war es schon, denn auch wenn sich unsere Zimmer im ersten Stock befanden, so mussten wir doch circa drei Meter an einer Regenrinne hinabklettern. Danach wäre alles ganz einfach: Die Grundstücksmauer war nicht hoch und direkt davor wollten wir uns treffen.

Als der Zeitpunkt schließlich kam, an dem wir uns aus dem Staub machen wollten, waren es mit mir nur noch acht Jungen, die weglaufen wollten. Zwei hatten kalte Füße bekommen. Die Angst vor den Konsequenzen war einfach zu groß. Wir beschworen die beiden Abtrünnigen, dass sie auf jeden Fall die Klappe halten sollten, und sie versprachen es.

Damit sich keiner allein durchschlagen musste, teilten wir uns in Zweiergruppen auf. Die Eltern von uns lebten fast alle mehr als einhundert Kilometer von Dumfries entfernt. Das würde kein Spaziergang werden, aber ich zählte die Stunden bis zu unserem geplanten Ausbruch.

Ich wusste, dass meine Mutter schon lange wieder in Glasgow wohnte, und war mir sicher, dass sie mich mit offenen Armen empfangen würde. Ich hatte bei einem der beiden Telefonanrufe von meiner Schwester herausbekommen, in welchem Ortsteil meine Mutter mit ihrem neuen Freund lebte, und kannte ihre Adresse.

Sorge bereitete mir jedoch der Schneefall, der zwei Tage vor dem Wochenende eingesetzt hatte. Das war sehr ungewöhnlich für diese Gegend in Schottland. Alle anderen Kinder freuten sich über die unverhoffte weiße Pracht, nur Schuggy und wir andere sieben schauten sehr missmutig drein, als wir die tanzenden Flocken vor unserem Zimmerfenster beobachteten. Aber auch das tat unseren Plänen keinen Abbruch. Wir fühlten uns wie richtige Abenteurer, fieberten der Abreise von Mr Smith entgegen und hatten alle Mühe, unsere Nervosität zu verbergen.

Schließlich kam unser großer Tag. Als Smith abgereist war, benahmen wir uns erst einmal wie die Musterknaben. Beim Abendessen bekam ich keinen Bissen hinunter, aber das störte das Ehepaar nicht, das Mr Smith vertrat. Um 20 Uhr gingen wir Jungen freiwillig auf unsere Zimmer, packten einige Sachen zusammen und versteckten sie unter unseren Betten. Dann machte das Ehepaar einen letzten Rundgang und um 21 Uhr ging das Licht auf den Fluren aus.

Um 22 Uhr öffnete ich das Fenster und kletterte auf den Fenstersims. Die Regenrinne machte hässliche Geräusche, als ich an ihr hinunterrutschte. Einmal meinte ich, die Stimme des Ersatzhausvaters zu hören. Ich befand mich gerade auf der Hälfte der Strecke zwischen dem ersten Stock und dem Boden, krallte mich an der Rinne fest und wagte nicht, zu atmen. Als ich sicher war, dass niemand mich sah, rutschte ich weiter.

Sobald ich festen Boden unter meinen Füßen spürte, rannte ich geduckt zur Mauer und war mit einem Satz auf der anderen Seite.

Frei.

Alle anderen waren schon da. Die Stimmung war angespannt. Norman, einer der größeren Jungs, warnte uns noch einmal eindringlich: »Also, ihr habt jetzt zwei Möglichkeiten. Entweder ihr kehrt zurück in euer Bett, dann wird euch nichts passieren. Oder ihr kämpft euch durch den Schnee, um eure Eltern zu finden. Findet euch die Polizei, wird euch Smith fertigmachen. Besonders dich, John.«

»Niemals gehe ich zurück«, platzte es aus mir heraus. »Ich werde meine Mutter finden. Hier bleibe ich nicht.«

SOBALD ICH FESTEN BODEN UNTER DEN FÜSSEN SPÜRTE, RANNTE ICH ZUR MAUER UND WAR MIT EINEM SATZ AUF DER ANDEREN SEITE.

Auch die anderen Jungs hielten an ihrem Vorsatz fest. Wir umarmten uns zum Abschied. Es war ein feierlicher Moment.

Dann ging es los. Ich und mein bester Freund Scotty, ein gleichaltriger Junge, wollten zu einem nahegelegenen Lkw-Rastplatz, um von dort aus per Anhalter oder als blinde Passagiere in Richtung Glasgow zu gelangen. Das würde ein Kinderspiel werden!

Wir waren jedoch kaum zwei Minuten unterwegs, da verlangsamte Scott sein Tempo. Bald darauf blieb er stehen und sagte mit Tränen in den Augen: »John, ich habe Angst. Ich möchte zurück ins Heim.«

Ich versuchte nicht, ihn zu überreden, mit mir zu kommen, sondern sagte ihm, dass er die Regenrinne wieder hochklettern sollte. Das Fenster stand ja noch offen.

Kurz schaute ich ihm nach, wie er in der Dunkelheit verschwand, dann lief ich weiter Richtung Rastplatz. Ich war durch nichts und niemanden von meinem Entschluss abzubringen. Glücklicherweise wurde das Schneetreiben weniger und als ich den Rastplatz erreichte, hörte es ganz auf, zu schneien.

Eine kleine Tankstelle mit einer noch kleineren Imbissbude bildete das Zentrum des Rasthofs. Sie war hell erleuchtet. Musik und Stimmen drangen zu den Parkplätzen, die verlassen dalagen.

Viele Lkws brachen von hier Richtung Glasgow auf. Ich las die Beschriftungen auf den Lkw-Anhängern und als ich auf einem blauen Truck das Logo eines großen Glasgower Betriebs entdeckte, war ich mir sicher: »Der ist es! Der wird mich zu meiner Mutter bringen!«

Ich schlich mich leise zur Rückseite und versuchte, die Türen zu öffnen. Mist, abgeschlossen! Unbemerkt gelangte ich zur Vordertür und rüttelte an dem Griff, aber es gelang mir nicht, sie zu öffnen. Ich rüttelte noch verzweifelter. Da packte mich von hinten jemand an der Schulter und eine tiefe, rauchige Stimme sagte: »Ey, was machst du da?«

Der Lkw-Fahrer, ein kleiner dicker Mann mit Halbglatze und Schnurrbart, hatte seine Pause beendet und wollte nun seine Fahrt fortsetzen. Ich drehte mich um und schaute ihn mit großen Augen an. Jetzt war ich geliefert. Meine Flucht war zu Ende, bevor sie überhaupt begonnen hatte!

»Mein Gott Junge, was ist denn mit dir passiert? Du bist ja völlig durchnässt.«

Nachdem der Trucker gemerkt hatte, dass ich keine Gefahr darstellte, wandelte sich sein Ärger sehr schnell in Mitleid. Das war meine Chance!

Ich erzählte ihm, dass meine Eltern mich hier auf der Raststätte vergessen hätten und ohne mich nach Glasgow unterwegs waren. Ich müsse unbedingt hinterher.

Der Mann war wohl sehr verantwortungsbewusst und spürte, dass mit meiner Geschichte etwas nicht stimmte. Er sagte mir, dass er mich zur Polizei bringen würde. Das war gar nicht in meinem Sinne. Ich versuchte, abzuhauen, doch er packte mich an der Schulter und sagte, so sanft er konnte: »Pass mal auf, wir gehen jetzt in die Tankstelle und du erzählst mir alles, okay?«

Das taten wir und ich erzählte ihm tatsächlich alles. Von meiner Flucht, von den Misshandlungen, von der Grausamkeit des Heimlebens. Der Lkw-Fahrer hörte mir zu und sagte die ganze Zeit kein Wort. Als ich geendet hatte, meinte er: »Komm, wir fahren.«

Ich stieg in den Lkw, schnallte mich an und er ließ den Motor an. Vorn im Lkw lag ein Schild mit dem Namen des Fahrers: Tom. Eine Zeit lang fuhren wir schweigend. Dann sagte Tom leise: »John, wenn ich dich nach Glasgow fahre, verliere ich meinen Job. Ich muss dich zurück ins Kinderheim bringen. Es tut mir leid.«

Ich flehte ihn an, nicht ins Kinderheim zu fahren. Doch sein Entschluss stand fest, er wendete und fuhr Richtung Kinderheim. Da schnallte ich mich ab, öffnete die Beifahrertür und wollte aus dem fahrenden Lkw springen. In meiner Verzweiflung sah ich keine andere Möglichkeit. Tom schrie mich an: »Ey bist du verrückt. Mach die Tür zu.«

Ich schrie zurück: »Ich springe aus dem Lkw, wenn Sie nicht nach Glasgow fahren. Ich gehe nicht zurück ins Heim. Mr Smith wird mich umbringen.«

In dem Moment kapierte Tom, wie ernst die Lage war, und drehte um. Während der Fahrt Richtung Glasgow murmelte Tom vor sich hin: »Ich komme in Teufels Küche. Ich komme in Teufels Küche.«

Vor lauter Nervosität rauchte er eine Zigarette nach der anderen. Mir war es egal, ich war auf dem Weg nach Glasgow!

Ich zog den verknitterten Zettel aus der Tasche, auf dem ich mir die Adresse meiner Mutter notiert hatte, und zeigte sie Tom. Er nickte kurz, dann schwiegen wir. Tom rauchte und ich döste ein. Das eingängige Motorengeräusch machte mich sehr müde.

»John, wenn du deine Mutter nicht findest, dann gehst du zur Polizei, in Ordnung?«

Bei diesen Worten schreckte ich hoch. Der Lkw stand auf einem Seitenstreifen. Tom hatte die Warnblinkanlage eingeschaltet. Wir waren in dem Stadtteil angekommen, in dem meine Mutter nun lebte. »Mit dem Lkw kann ich nicht weiter, aber da vorne müsste die Straße sein, die du suchst, okay?«

Ich nickte.

»Mensch Junge, ich wünsche dir nur das Beste. Pass auf dich auf!«

Ich nickte wieder, stieg aus und wollte gerade die Beifahrertür schließen, da rief Tom: »Ach und noch was: John, wenn du müde wirst, dann leg dich bloß nicht hin, hörst du? Schlaf bloß nicht ein! Es ist viel zu kalt, um draußen zu übernachten. Viel Glück!«

Ich schaute dem Lkw nach und ging dann die Straße entlang, bis ich auf die ersten Häuser traf. Ich studierte den Zettel und zog von Tür zu Tür.

Es war bereits nach Mitternacht. Immer wenn mir jemand entgegenkam, zeigte ich meinen Zettel vor und fragte nach Gina McGurk. Doch niemand hatte den Namen je gehört. Einige Menschen kannten zumindest die Straße, es war die Wilson Street, aber eine genaue Auskunft konnte mir keiner geben. Viele fragten mich, ob bei mir alles in Ordnung sei, ob ich Hilfe brauchte, aber sobald mich irgendjemand in ein Gespräch verwickeln wollte, lief ich davon. Misstrauische Blicke folgten mir.

EINE BLEIERNE MÜDIGKEIT ÜBERKAM MICH UND ICH SANK ZWISCHEN DEN BEIDEN MÜLLTONNEN ZU BODEN.

Ich suchte und suchte, aber ich fand diese verdammte Wilson Street nicht. Völlig erschöpft ließ ich mich nach einer gefühlten Ewigkeit in einem Hinterhof zwischen zwei Mülltonnen nieder. Es war bitterkalt. Ich pustete in meine Hände. Meine Jacke war durchnässt, meine Schuhe klitschnass und eine Mütze hatte ich nicht. Ich war am Ende meiner Kräfte. Vielleicht war es sinnvoller, am nächsten Morgen weiterzusuchen. Eine bleierne Müdigkeit überkam mich und ich sank zwischen den beiden Mülltonnen zu Boden.

»Nicht schlafen«, schoss es mir durch den Kopf.

»Du darfst nicht schlafen, John«, hörte ich Toms Stimme in meinem Kopf.

»Nur ein ganz kleines bisschen, bitte«, flüsterte ich leise und meine Augen wurden immer schwerer.

Kurz bevor die Müdigkeit mich komplett übermannte, wodurch ich sicherlich den Kältetod gestorben wäre, spürte ich, wie etwas in meine Hose kletterte und mein Bein entlang in Richtung Körpermitte lief.

Erschrocken sprang ich auf. Eine Ratte hatte sich verlaufen und suchte nun fieberhaft den Ausgang. Während ich versuchte, sie aus meiner Hose zu bugsieren, stieß ich die Mülltonne um. Ein lauter Knall ertönte. Schließlich erwischte ich die Ratte und schleuderte sie in hohem Bogen in die Luft. Armes Ding! Schließlich hatte sie mir wohl unwissend das Leben gerettet. Sie rappelte sich aber sofort wieder auf und verschwand in einem Hauseingang.

Gerade als ich mich wieder setzen wollte, bog ein Polizist um die Ecke. Er steuerte direkt auf mich zu. Später erfuhr ich, dass Passanten, die ich nach dem Weg gefragt hatte, stutzig geworden waren und die Polizei alarmiert hatten.

»Junger Mann, wir suchen dich überall«, sagte er freundlich. »Komm mit aufs Revier. Da bekommst du erst mal etwas Heißes zu trinken.«

Ich überlegte kurz, ob ich abhauen sollte. Ich fühlte mich in die Enge getrieben und blickte ängstlich umher.

Ich muss ein erbarmungswürdiges Bild abgegeben haben, sodass der Polizist, der ohnehin schon sehr freundlich war, noch mehr Mitleid mit mir bekam. Er legte mir seinen dicken Polizeimantel um die Schultern und nahm mich an die Hand. So gingen wir zum Polizeirevier. Unterwegs erzählte ich ihm, dass meine Mutter, Gina McGurk, hier ganz in der Nähe wohnen würde und ich unbedingt zu ihr müsse.

Was ich nicht wusste: Zu diesem Zeitpunkt war unser Fehlen im Heim schon bemerkt worden. Wir wurden längst von der Polizei gesucht und daher war sich der Polizist ziemlich sicher, dass ich einer der Jungen aus dem Kinderheim in Dumfries war.

Auf der Polizeiwache angekommen, bestätigte sich seine Vermutung. Nach einigen Telefonaten fand der Polizist heraus, dass alle anderen Jungs, die aus dem »Lochvale Home« ausgebüxt waren, schon gefunden worden waren, klitschnass im Gemeinschaftsraum saßen und eine saftige Standpauke von dem Ehepaar bekamen, das die Vertretung von Mr Smith übernommen hatte. Der gefürchtete Heimleiter würde am nächsten Tag nach Dumfries zurückkehren, um sich selbst ein Bild von der Lage zu machen.

Nur ein Junge fehlte noch. Ein gewisser John McGurk. Die Beschreibung, die der Polizist aus dem Glasgower Vorort am Telefon bekam, passte perfekt zu dem Jungen, der da tropfnass vor ihm saß und einen heißen Kakao schlürfte.

Nur fürs Protokoll: Unser schöner Fluchtplan war gescheitert. Schon nach wenigen Stunden.

Als der Beamte den Telefonhörer auflegte und mir die Nachricht überbrachte, dass ich zurück ins Heim gebracht würde, brach ich weinend zusammen und jammerte: »Aber meine Mutter lebt wirklich hier. Das müssen sie mir glauben. In dem Heim wartet ein böser Mann, der mich verprügeln wird.«

Nach dem Lkw-Fahrer Tom waren diese Polizisten die Nächsten, denen ich die Wahrheit sagte. Mr Smith war nicht in der Nähe, ich spürte seine dämonische Aura nicht und deshalb konnte ich meine Leiden frei formulieren.

Die Polizisten wirkten ehrlich erschüttert. In der hintersten Ecke des Reviers forschte ein Polizist, ohne dass er den Auftrag dazu bekommen hätte, nach einer Mrs Gina McGurk in der Umgebung. Er schaute Karteikarten durch, führte zwei Telefonate und sprang dann von seinem Schreibtischstuhl hoch und rief: »Es gibt sie wirklich!«

Alle anderen Polizisten im Revier schauten ihn verständnislos an.

»Doch, es gibt sie wirklich. Gina McGurk. Sie wohnt ganz in der Nähe. Lasst uns dem Jungen eine Chance geben.«

Für mich war es, als würden die Engel singen. Ich strahlte über das ganze Gesicht und blickte zu dem Beamten, der mich gefunden hatte.

Der überlegte kurz. »Okay, ich werde dich hinbringen. Aber ich kann dir nicht versprechen, dass sie da ist, und laut Gesetz müssen wir dich spätestens morgen wieder ins Heim bringen.«

Ich war überglücklich und nickte. Meine Mutter würde mich bei sich aufnehmen, dessen war ich mir sicher.

»Soll ich dir Handschellen anlegen oder versprichst du mir, dass du nicht wegläufst?«, fragte ein anderer Polizist und zwinkerte mir dabei zu.

Ich versprach es gern. Um nichts in der Welt wäre ich weggelaufen, wenn diese Männer mich zu meiner Mutter bringen wollten!

Fröhlich verließ ich das Polizeirevier. Der Beamte hatte mir wieder seinen Mantel um die Schultern gehängt und nahm mich an die Hand und so wanderten wir durch die Straßen. Dieses Mal war ich bester Laune.

Ich kann mich nicht erinnern, in meiner Kindheit jemals glücklicher gewesen zu sein.

»DOCH, ES GIBT SIE WIRKLICH. GINA MCGURK. SIE WOHNT GANZ IN DER NÄHE. LASST UNS DEM JUNGEN EINE CHANCE GEBEN.«

09

VER-
STOßEN

Ich stand einfach nur da.
Es waren nur wenige Sekunden
vergangen, aber es fühlte sich an
wie eine Ewigkeit.

Mitten in der Nacht standen wir vor einem kleinen Reihenhaus in der Dunning Street. Hier war es also. Hier wohnte meine Mutter. Ein kleines Gartentor trennte den Vorgarten vom Bürgersteig. Der Polizist öffnete das Tor und wir gingen auf das Haus zu. Laute Musik schallte uns entgegen.

Der Polizist schob mich sanft nach vorn auf die Stufe vor der Haustür. Er selbst blieb im Hintergrund. Ich zögerte einen Augenblick und drückte dann auf die Klingel. Wenige Augenblicke später wurde die Musik leiser und Schritte näherten sich.

War das meine Mutter? Was würde sie sagen, wie würde sie aussehen? Wie würde sie riechen? Tausend Gedanken schossen mir durch den Kopf. Ich sah mich um. Der Polizist nickte mir aufmunternd zu. Ein Riegel wurde von der Tür entfernt und dann sah ich, wie die Klinke heruntergedrückt wurde. Die Tür ging auf.

Vor mir stand nicht meine Mutter, sondern ein Mann.

»Ja bitte?«

Ich sah ihn an. Er sah mich an. Ich bekam keinen Ton heraus, sondern spähte an dem Mann vorbei den Flur entlang. Links und rechts sah ich jeweils zwei geschlossene Zimmertüren. Am Ende des Flurs ging eine Treppe nach oben. Der Mann runzelte die Stirn und wollte die Tür schon wieder schließen, da trat der Polizist vor und sagte: »Guten Abend, entschuldigen Sie bitte die Störung, aber dieser kleine Mann hier ist auf der Suche nach seiner Mutter. Sagen Sie, wohnt hier eine Gina McGurk?«

Die Miene des Mannes verfinsterte sich und er rief über seine Schulter: »Gina, Besuch für dich.« Dann verschwand er, ohne uns eines weiteren Blickes zu würdigen, wieder im Haus.

Ich beachtete ihn gar nicht, denn in dem Moment hörte ich die Stimme meiner Mutter. Sie kam aus dem oberen Geschoss.

Während sie die Treppe hinunterging, rief sie: »Wer ist denn da ...
Oh mein Gott.«

Auf der letzten Stufe blieb sie abrupt stehen und hielt sich die
Hand vor den Mund.

Ich hingegen lief auf sie zu und schrie dabei: »Mummy, Mummy, ich habe dich gefunden. Endlich bin ich wieder bei dir. Mummy, ich habe dich so lieb.«

Ich warf mich an ihren Hals und schlang die Arme um sie.
Erst einige Augenblicke später registrierte ich, dass meine Mutter
meine Umarmung nicht erwiderte. Stocksteif stand sie da und
schaute mich an.

Ich trat einen Schritt zurück und blickte in ihre Augen. Sie
musste sich doch auch darüber freuen, dass ich endlich wieder
bei ihr war, oder nicht?

»Mummy? Freust du dich gar nicht, mich zu sehen.«

Sie stand weiterhin einfach nur da und starrte mich an. Ich
nahm ihre Hand, streichelte sie und sagte: »Mummy, ich hab dich
lieb.«

Doch sie zog ihre Hand weg. Langsam und monoton kamen
ihr einige Worte über die Lippen: »John, was tust du hier?«

Dann drehte sie sich um und stieg die Treppe hinauf. Ihre
Schultern bebten. Sie weinte.

Nun erschien der Mann, der uns die Tür geöffnet hatte und
der, wie sich herausstellte, ihr neuer Lebensgefährte war, wieder
auf der Bildfläche. Verärgert rief er: »Macht, dass ihr rauskommt.
Ihr seht doch, was ihr angerichtet habt.«

Ich stand da wie paralysiert. Es war eine neue Kategorie
Schmerz, die ich in diesem Moment spürte. Schläge, Tritte, böse
Worte und Verleumdungen waren schlimm gewesen. Aber sie

waren immer von Menschen gekommen, die mir nicht viel bedeuteten.

Dieser Blick meiner Mutter, diese Distanz fügten mir viel tiefere Wunden zu, als es Schläge je vermocht hatten. Ich fühlte mich von ihr verstoßen. Die ganzen Strapazen waren umsonst gewesen. Die vielen Tage im Heim, in denen ich an sie gedacht hatte. Die Erinnerungen an scheinbar gute Tage, die Mutterliebe, die ganz tief in meinem Herz immer noch ihren Platz hatte … hier wurde mir deutlich, dass ich mich getäuscht hatte.

SIE FRAGTE: »JOHN, WAS TUST DU HIER?« DANN DREHTE SIE SICH UM UND STIEG DIE TREPPE HINAUF.

Im Nachhinein habe ich verstanden, dass meine Mutter damals unter Schock stand. Sie hatte absolut nicht damit gerechnet, mich wiederzusehen. Sie hatte sich ein neues Leben aufgebaut. Mich zu sehen, holte sie zurück in die schlimme Vergangenheit, in der sie sehr hatte leiden müssen. Trotzdem: Für ein Kind ist so eine Reaktion der eigenen Mutter wie ein Todesurteil.

Ich stand einfach nur da. Es waren nur wenige Sekunden vergangen, aber es fühlte sich an wie eine Ewigkeit.

Da spürte ich eine Hand auf meinem Rücken. Sie gehörte dem Polizisten, der mich behutsam zur Tür schob. »Komm, Johnny, wir gehen.« Meine Augen suchten seine Augen. Dieser Mann war momentan die einzige Konstante, der einzige Fixpunkt, der einzige Halt. Ich suchte nach einem Funken Hoffnung in seinem Blick, aber es fiel ihm sichtlich schwer, seine Besorgnis und Traurigkeit zu verstecken.

Der Lebensgefährte meiner Mutter donnerte die Tür ins Schloss und wir gingen durch den Vorgarten auf die Straße. Tränen liefen über mein Gesicht. Vor nicht einmal fünf Minuten war ich noch der glücklichste Mensch der Welt gewesen und nun war klar: Dauerhaftes Glück schien das Leben für mich einfach nicht vorgesehen zu haben.

Der Polizist musste ebenfalls mit den Tränen kämpfen. »Johnny, ich weiß ehrlich gesagt nicht, wo du besser aufgehoben bist. Hier bei deiner Mutter oder im Heim.«

Dieser Satz brachte meine Situation ziemlich gut auf den Punkt. Ich war nirgends zu Hause. Niemand wollte mich. Niemand vermisste mich.

Als wir die Tür zum Polizeirevier öffneten, konnte ich die Enttäuschung und das Mitgefühl der Beamten sehen und spüren. Sie wussten sofort Bescheid: Der Junge musste zurück ins Heim. In ein Umfeld, das grausam war. Und ihnen waren nun endgültig die Hände gebunden. Sie konnten nichts mehr für mich tun.

In dieser Nacht schlief ich auf dem Polizeirevier. Hier fühlte ich mich sicher und geborgen. Der Polizist trocknete meine Schuhe und meine Klamotten. Zudecken durfte ich mich wieder mit seinem dicken Mantel. Er setzte sich neben mich und sprach beruhigend auf mich ein: »Du brauchst keine Angst zu haben.«

»Mr Smith wird mich totschlagen«, antwortete ich. »Er wird mich ganz bestimmt töten.«

Der Polizist versprach, im Heim anzurufen und dafür zu sorgen, dass die Strafe nicht allzu heftig ausfiel, aber wir wussten beide, dass das ein frommer Wunsch war. Ich schlief in dieser Nacht tief und traumlos.

Als ich am nächsten Morgen erwachte, hatte ich Schwierigkeiten, mich zu orientieren. Stimmen aus dem Nebenraum drangen an mein Ohr. Ich setzte mich auf und schaute mich um. Die Ereignisse der letzten zwölf Stunden waren zu viel für mich gewesen. Lange saß ich einfach da und nur langsam, ganz langsam kamen die Erinnerungen wieder zurück. Die Flucht, die Hoffnung, endlich wieder von meiner Mutter in die Arme geschlossen zu werden, und dann die Enttäuschung.

Ich zog mich an und ging aus meinem Schlafraum, der bei den Polizisten als Pausenraum diente, in das angrenzende Dienstzimmer.

»Alles klar, John?«

Der Beamte von gestern war immer noch da. Oder schon wieder.

Ich nickte ihm zu und fragte: »Hat meine Mutter sich gemeldet? War sie vielleicht hier?«

»Es tut mir leid John, nein«, antworte der Polizist. »Wollen wir uns für das Frühstück frisch machen?«

Er gab mir eine Zahnbürste und ein Handtuch, dann brachte er mich ins Badezimmer. Überall vergitterte Fenster. Ich konnte nicht abhauen. Aber selbst wenn mir eine erneute Flucht gelingen würde, wo sollte ich hin?

Beim Frühstück versuchten die Beamten wirklich alles, um mich aufzuheitern.

»Möchtest du später mal Polizist werden?«, fragte einer.

»Nein«, antwortete ich prompt. »Mein Daddy sagt, dass die Polizei immer hinter ihm her ist, und das macht ihn wütend.«

Großes Gelächter.

Wenn ich heute daran zurückdenke, dann waren diese Polizisten die einzigen Menschen, zu denen ich aufschaute. Vorbilder, die es schafften, mich einige Augenblicke lang aufzuheitern und denen ich vertraute.

»Was wünschst du dir zu Weihnachten?«, fragte ein anderer Polizist.

»Am meisten wünsche ich mir, dass meine Mummy, meine Geschwister und ich ein richtiges Zuhause haben – mit einem großen Tannenbaum mit vielen bunten Lichtern!«

Meine Antwort kam wieder wie aus der Pistole geschossen. Sofort wurde es still am Frühstückstisch. Mein Wunsch berührte die Polizisten sehr.

Als ich meine Wunschliste gerade mit einigen Spielfiguren fortsetzen wollte, trat ein auffällig gut gekleideter Mann vom Kinderschutzbund in den Frühstücksraum und fragte: »Kann ich John jetzt mitnehmen?«

Die Polizisten rechneten mit einem Fluchtversuch von mir, aber ich erhob mich ruhig, verabschiedete mich von jedem Einzelnen und ging bereitwillig mit. Ich ergab mich mit dem letzten bisschen Würde, das ich noch hatte, in mein Schicksal. Ich weiß es nicht genau, aber wahrscheinlich riss ich mich so zusammen, weil ich meine Vorbilder und Helden, die Polizisten, nicht enttäuschen wollte.

ÜBERALL VERGITTERTE FENSTER. ICH KONNTE NICHT ABHAUEN. ABER SELBST WENN MIR EINE ERNEUTE FLUCHT GELINGEN WÜRDE, WO SOLLTE ICH DENN HIN?

»Wir rufen im Kinderheim an«, versprach mir ein Polizist.

»Hab keine Angst!«, sagte ein anderer zum Abschied.

Ich erwiderte nichts, sondern stieg ins Auto. Es hatte noch einmal geschneit in dieser Nacht. Alles war weiß. Es sah wunderschön aus und ich schaute während der Fahrt oft aus dem Fenster. Die bezaubernde Landschaft passte überhaupt nicht zu dem Gedanken, der mit jedem der einhundertfünfundzwanzig

zurückzulegenden Kilometer mehr Raum in meinem Kopf ein-
nahm:

Mr Smith wird dich heute Nachmittag töten! Und niemand
wird dich vermissen.

10

KEINE GNADE UND EIN LACHFLASH

Mindestens genauso schlimm wie die Menschen, die hilflosen Kindern Gewalt antun, sind diejenigen, die genau wissen, was passiert, aber nichts dagegen unternehmen.

»Zehn Minuten noch, dann sind wir da«, sagte der Mann vom Kinderschutzbund nach gut eineinhalb Stunden Fahrt.

Ich wusste es schon längst. Wir näherten uns Dumfries und mir wurde immer schlechter.

»Hab keine Angst, John! Du bist mit Sicherheit nicht der erste Junge, der wegen seiner Mutter weggelaufen ist«, versuchte der Mann mich zu trösten.

»Wenn der wüsste!«, dachte ich.

Später musste ich manchmal über diesen Ausspruch lächeln, denn es stimmte ja: Ich war wahrlich nicht der erste Junge, der weggelaufen war, um seine Mutter zu suchen. Ich bin aber ziemlich wahrscheinlich der erste und einzige Junge, vor dem seine eigene Mutter weggelaufen ist, als er sie endlich gefunden hatte.

»Mr Smith wird dir nicht wehtun. Du darfst einfach nicht mehr weglaufen«, erklärte der altkluge Herr vom Kinderschutzbund und parkte das Auto auf dem Hof.

Auch das habe ich später als eine wahrhaft lachhafte Aussage identifiziert. Wahrscheinlich wollte der Herr sich selbst beruhigen, sich die ganzen Machenschaften in dem Kinderheim schönreden, damit sein Gewissen nicht belastet würde. Sicherlich wusste auch der Kinderschutzbund von den Misshandlungen im »Lochvale Home«. Ich kann mir nicht erklären, warum da nicht mal jemand Klartext mit Mr Smith redete. Die mussten doch etwas von seiner Aggressivität mitbekommen haben.

Spätestens in dem Moment, als Mr Smith uns sah und wutschnaubend auf mich zu rannte, muss dem Mann aufgefallen sein, dass meine Angst durchaus angebracht war und dass die Worte »Er wird dir nicht wehtun« nicht mehr als heiße Luft waren.

Mindestens genauso schlimm wie die Menschen, die hilflosen Kindern Gewalt antun, sind diejenigen, die genau wissen, was passiert, aber nichts dagegen unternehmen. Das gilt damals wie heute. Das gilt in Schottland und in Deutschland. Natürlich kommt es immer auf die Situation an und manchmal ist es schlicht gefährlich, sich einzumischen, aber es gibt genügend Möglichkeiten, Hilfe von Fachleuten zu holen, ohne sich selbst in Gefahr zu bringen.

Einrichtungen wie die Arche e. V. kümmern sich vorbildlich um bedürftige Kinder. Aber es braucht noch viel mehr couragierte Nachbarn, Verwandte oder Freunde, die nicht wegsehen, sondern hinsehen und handeln oder dem hilflosen Kind zur Seite stehen, wenn sie Zeuge eines Übergriffs werden. Der Mann vom Kinderschutzbund tat dies nicht.

Als der Heimleiter das Auto erreicht hatte, war er wieder einigermaßen Herr seiner Sinne. Er nickte meinem Fahrer zu und wandte sich dann an mich: »Du gehst sofort zu den anderen Jungs in den Gemeinschaftsraum und wartest dort, bis ich zu euch komme!«

Ich stieg aus dem Auto und lief schnell an Mr Smith vorbei. Ich wagte es nicht, ihn anzuschauen.

Im Gemeinschaftsraum herrschte Totenstille. Alle Jungs, die abgehauen waren, saßen dort wie ein Häufchen Elend. Keine Spur mehr von den großen Abenteurern.

Es lag etwas Schlimmes in der Luft. Ich sah Norman Wilson an. Als wir uns am Vorabend verabschiedet hatten, war er so voller Hoffnung und Zuversicht gewesen, dass er seine Eltern finden und dass alle seine Qualen vorbei sein würden. Ich ging zu ihm, um mich neben ihn zu setzen, aber er sagte aufgeregt: »Hau ab,

John, setz dich nach hinten. Der alte Smith wird mich zuerst in die Mangel nehmen! Vielleicht hast du Glück und er verprügelt nur mich!«

Ich wollte Normans Rat befolgen, aber in dem Moment flog die Tür auf und Mr Smith kam hereingeschossen. Ich stand mitten im Raum und bewegte mich nicht.

Smith sah mich und schrie meinen Namen: »McGurk! Du setzt dich hier vorne hin. Ich komme gleich zu dir!«

Ich schlich auf den freien Platz neben Norman.

DANN SCHRIE ER IN NOR-MANS RICHTUNG: »DU! DU GEHST SOFORT IN MEIN BÜRO UND WARTEST DORT, BIS ICH ZU DIR KOMME!«

»Wie könnt ihr mich so blamieren?«, schrie Mr Smith. »Das werdet ihr mir büßen! Ihr habt mir nicht nur das komplette Wochenende versaut, sondern auch große Schande über diese Einrichtung gebracht.«

Dann schrie er in Normans Richtung: »Du, du gehst sofort in mein Büro und wartest dort, bis ich zu dir komme!«

Norman war ein taffer Typ. Sehr mutig, aber er war trotz seiner 13 oder 14 Jahre immer noch ein Kind. Und dennoch versuchte er, würdevoll an unserem sadistischen Heimleiter vorbeizugehen.

»Etwas schneller, Wilson!«, brüllte Mr Smith ihm hinterher.

Dann drehte er sich zu uns um und tobte weiter: »Wie könnt ihr mich so in Verruf bringen? Was soll die Gemeinde über mich denken?«

Er schrie so laut, dass Speichel aus seinem Mund flog. Er war wie von Sinnen. In diesem Zustand lief er Norman hinterher.

Ich malte mir aus, was passieren würde. Sobald er die Tür zu seinem Büro aufstieß, würde er Norman direkt ins Gesicht

„Heute trage ich meinen schottischen Kilt mit Stolz. Er erinnert mich an meine Wurzeln und an meine Geschichte. Und ich trage ihn als schmerzhafte Erinnerung an das, was mir in meiner Heimat widerfahren ist."

Die „Lebensroute" von John McGurk*

„Gaun yersel ma laddie! – Junge, du schaffst das!"

2011

1961	Geburtsort Glasgow, *21. Februar 1961
1972–1975	Dumfries – Kinderheim *Lochvale House*
1981–1982	Edinburgh – Militärausbildung
1986	Osnabrück – Arbeit als Papiermacher
1992	Osnabrück – Hochzeit mit Katja
1997	Büren – Lauf für kriegstraumatisierte Kinder des Bosnienkrieges
2005	Hannover – Spendenlauf für die Tsunami-Opfer im Dezember 2004
2008	Osnabrück – Friedenslauf für Israel mit Friedensbotschaft
2010	Limpopo, Südafrika – Benefizlauf für Aids-Waisen
2011	Warschau – Charity-Lauf zur Gründung einer Arche-Einrichtung
2011	New York City – Lauf zur Erinnerung an den 11. September 2001
2014	São Paulo – Charity-Lauf für Straßenkinder anlässlich der Fußball-WM in Brasilien
2015	Berlin – Charity-Lauf durch Deutschland von Arche zu Arche
2016	Glasgow – Lauf in die eigene Vergangenheit
2017	Rom – Ehrung von Papst Franziskus

* Die Lebensroute gibt eine Auswahl wieder und veranschaulicht einige der wichtigen Stationen in John McGurks Leben.

1981–1982

1961, 2016

1972–1975

1986

1992

2015

2008   2005

1997

2011

2017

2014

2010

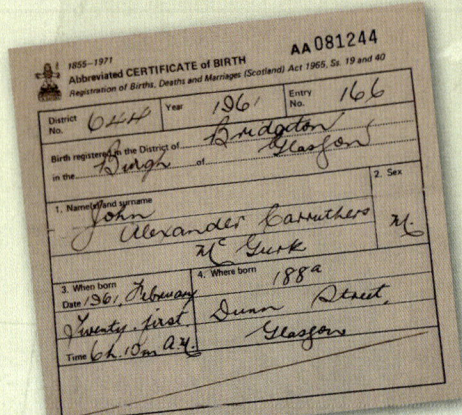

John als Erwachsener vor seinem ehemaligen „Boys Home" *Lochvale House* in Dumfries, Schottland

Mothers complains of father beating her unconscious – 7 mth pregnant an drinking to excess (4 children) – father put mother and children out of home.
27. Februar 1964, Aufzeichnungen des schottischen Kinderschutzbundes

John entdeckt das Geheimversteck im Hohlraum des alten Kamins im Speisesaal – alte Briefe, Postkarten, stille Botschaften und Gebete der Heimjungs

John sichtet die alten „Schätze"

Wertvolle Erinnerungsstücke an die wenigen schönen Momente der Kinderheim-Zeit

Wie alles begann – Start der Charity-Läufe

Büren 1997 mit UNICEF – Der allererste große Lauf für kriegstraumatisierte Kinder des Bosnienkrieges; 3. Person v. l.: John, umgeben von den Mitgliedern des Kämmerer-Lauftreffs

Tsunami-Lauf 2005 mit der Stiftung *Ein Herz für Kinder* – für die Kinder, die bei der Flutkatastrophe im Dezember 2004 in Süd-Ost-Asien Opfer wurden
Route: Osnabrück – Hannover

Im Schottenrock
auf Tour – Johns
Markenzeichen
läuft sich ein

Friedenslauf 2008 mit der Stiftung *Ein Herz für Kinder* – zugunsten des Meshi-Kinder-Rehabilitations-zentrums in Jerusalem, eine Schul- und Versorgungseinrichtung für Kinder, die mit Behinderungen geboren werden
Route: Osnabrück – Köln – Bonn – Mainz – Straßburg – Freiburg – Basel – Lörrach, Strecke: 1000 km

Gute Stimmung vor dem Startschuss am Heger Tor in Osnabrück; mit Boris Pistorius (Mitte; Oberbürgermeister von Osnabrück)

Beim Überbringen der Friedens-botschaft ans Meshi-Zentrum vor der Klagemauer in Jerusalem; mit Hendrik Schmude (rechts), einer der Einladenden

Vom Laufen zur Stiftungsgründung und weiter

John (sitzend, vorne rechts) mit seinem Team bei der Vereinsgründung *Sportler 4 a childrens World e. V.*, wo er sich seither als 1. Vorsitzender engagiert; stehend, hinten v. l. n. r.: Katja McGurk, Christopher Davies, David Mason, Sven Kösters, Werner Hörnschemeyer, Jimmy Love, Zemira Hörnschemeyer, Swen Zelatz, Patrick Beitz; Mitte rechts neben Katja McGurk: Jutta Schlochtermeyer; vorne v. l. n. r.: Helmut Hörnschemeyer, Volker Schwabe, John McGurk

Seit langer Zeit ein starkes Team gegen Kinderarmut in Deutschland; v. l. n. r.: Wolfgang Büscher (Sprecher *Die Arche e. V. Deutschland*), Bernd Siggelkow (Gründer und Leiter *Die Arche e. V. Deutschland*), John McGurk, Katja McGurk

„Ein Lauf ohne Sieger, aber mit vielen Gewinnern!"

Benefizlauf 2010 mit *Terre des Hommes e. V.* – für Aids-Waisen in Südafrika
Route 1 in Deutschland: Münster – Dortmund – Düsseldorf – Köln – Mainz, Strecke: 800 km
Route 2 in Südafrika: Limpopo – Pretoria, Strecke: 270 km

Bei der Eröffnung der deutschen Route
am Flughaften Münster/Osnabrück mit
Rudi Assauer (links; dt. Fußballprofi)

*„Ich hatte das Glück, immer wieder
auf echte Typen mit Herz zu treffen,
die mein Anliegen teilen. Rudi war so
ein Typ, und ich bin dankbar, dass wir
miteinander unterwegs waren."*

Viel moralische und tätige Unterstützung auf der Strecke
zwischen Limpopo und Pretoria

„The peace-runners are coming!"

48-Stunden-Friedenslauf 2011 – zum Gedenken an die Opfer der Terroranschläge vom 11. September 2001 mit Übergabe einer Friedensbotschaft
Route: durch New York City

Der glückliche Überbringer der Friedensbotschaft für New York City von den Städten Osnabrück und Münster

Eine Botschaft des Friedens ermutigt – nicht nur die Opfer von damals

Aus Johns persönlichem Erinnerungsalbum an die Begegnungen und den Einsatz in New York City

Vorbereitung zum Benefizlauf nach Warschau 2012 – im Vorfeld der Fußball-EM 2012 setzt John ein Zeichen gegen Rassismus und auf Initiative von Lukas Podolski wurde dort die *Lukas-Podolski-Arche (Arka Fundacja Dzieci)* eröffnet
Route: Osnabrück – Hannover – Braunschweig – Magdeburg – Berlin – Frankfurt/Oder – Warschau, Strecke: 1200 km

Mit seiner Familie bei der Verleihung des Bundesverdienstkreuzes 2013 in München;
v. l. n. r.: Johns Frau Katja, seine Tochter Kim, John, seine Tochter Mandy und sein Sohn Nico

Für Deutschlands Kinder unterwegs ...

Reno-Benefizlauf 2015 mit *Die Arche e. V., Sportler 4 a childrens world e. V.* –
14 Tage und 14 Nächte einmal quer durch Deutschland und von einer Arche-Einrichtung zur nächsten
Route: München – Frankfurt – Düsseldorf – Köln – Hamburg – Göttingen – Leipzig – Dresden –
Potsdam – Berlin, Strecke: 2 015 km

Da steckt Power dahinter –
mit Erdogan Atalay
(links; Schauspieler)

... geballte Kilt-Power!
Einen Teil des Reno-Benefizlaufs
lief John mit den Läufern der
United Kiltrunners

Der Lauf in die Vergangenheit

Charity-Lauf 2016 für das schottische Kinderhilfswerk *Children 1st – Scotlands National Children's Charity* – John läuft durch vier Länder in seine Vergangenheit und macht u. a. Station in Dumfries

Route: Osnabrück – Amsterdam – Newcastle – Edinburgh – Glasgow, Strecke: 1000 km

Euphorischer Zwischenstopp bei dem Schlosshotel *Cromlix Hotel*

Zwischenstation und ritterliche Begegnung mit *King Robert the Bruce*, der im 14. Jahrhundert König von Schottland war

In Dumfries — heute ein sehr positiver Jugendtreff —
erzählt John von seiner Zeit, als er als Heimjunge hier war

Gemeinsam stark — Johns Team von *Sportler 4 a childrens
world e. V.* ist natürlich auch beim Lauf nach Glasgow mit
dabei und fiebert mit, läuft mit, trägt mit und feiert mit!

Wertvolle Familienzeit

„Ich bin sehr dankbar für meine Familie – es ist ein echter Segen, solche Kinder zu haben."

Katja und John bei ihrer Silberhochzeit 2017 – dankbar für die treue Partnerin, Mitstreiterin und Unterstützerin an seiner Seite

Gemeinsam in London 2018; v. l. n. r.: Nico, Katja, John und Mandy

Und immer wieder Grund zum Feiern

November 2018 – John und sein Team von *Eine Zukunft für Kinder e. V.* laden zum ersten Mal zur exklusiven Children's-Charity-Gala nach Osnabrück ein und verleihen den ersten *Flügel für die Zukunft* für Projekte, die sich für benachteiligte Kinder einsetzen; v. l. n. r.: Oberbürgermeister Wolfgang Griesert, Klaus J. Behrendt, Rainer Höfelmeyer, Anjorka Strechel, Bernd Siggelkow, Ingo Kantorek, Heike Drogies, Karl-Ernst von Mühlendahl, Ken Cunningham, Andreas Buseman, John McGurk, Daniela Schwerdt

Mai 2019 – John feiert mit „seinem" Meisterteam des VfL Osnabrück (Meister der 3. Bundesliga 2018/19), das ihn auch bei seiner Arbeit unterstützt

schlagen. Und dann würde er ihn windelweich prügeln. Es wurde finster in meiner Seele.

Das Geschrei von Norman war bis zu uns zu hören und es ging uns durch Mark und Bein. Immer wieder flehte er Mr Smith an, ihn loszulassen. Nach schier endlosen Minuten flog die Tür von Mr Smiths Büro wieder auf und uns bot sich ein Bild des Grauens. Der Heimleiter zog den völlig hilflosen Norman hinter sich her, schleifte ihn ins Gemeinschaftszimmer, packte ihn im Nacken und hielt uns das blutverschmierte Gesicht unseres Freundes wie eine Trophäe vor die Nase.

> IMMER WIEDER FLEHTE ER MR SMITH AN, IHN LOS-ZULASSEN. ALS DIE TÜR VON MR SMITHS BÜRO AUFFLOG, BOT SICH EIN BILD DES GRAUENS.

»Schaut mal her. Schaut genau hierher. So wird es euch allen gehen, wenn ihr so etwas noch mal mit mir macht!«

Dann ließ Mr Smith Norman wie einen nassen Sack fallen und schrie: »McGurk, du gehst sofort in mein Büro!«

Ich setzte mich sofort in Bewegung. Ich hörte, wie Mr Smith die anderen Jungen weiter als Abschaum beschimpfte. Ich wollte eigentlich weglaufen, egal wohin, aber meine Beine gehorchten mir nicht. Sie liefen schnurstracks in das Büro des Heimleiters, wo das Radio lief. Da Weihnachten vor der Tür stand, bestimmten zuckersüße Festtagslieder das Programm des Senders.

Weihnachten! Das Fest der Liebe! Jesus, Maria, Josef und Friede auf Erden und so …

Ich hörte, wie Mr Smith hinter mir hergeeilt kam, immer noch in Rage, immer noch voller Hass und Wut. Ich schickte kurze Stoßgebete in den Himmel: »Bitte! Sollte es irgendjemanden geben, der mich jetzt noch hört: Bitte hilf mir.«

Es war vergebens.

Die Tür flog auf, Mr Smith packte mich am Hals und warf mich auf den Boden. Er kniete sich auf meine Brust und legte eine Hand um meinen Hals. Er schrie irgendwelches wirres Zeug und sein Speichel spritzte in mein Gesicht.

Diesmal schrie ich zurück, dass er mich gefälligst loslassen solle.

»Loslassen? Loslassen?«, schrie er. »Du bist doch von allen der Schlimmste. Du bist einfach nur Dreck und du wirst immer Dreck bleiben!«

Dann hob er mich am Hals hoch und warf mich aus seinem Büro auf den Flur. Man merkte sichtlich, dass er sich beruhigte. Norman hatte die schlimmste Phase seines Wutausbruchs für mich abgefangen. Ich hatte nur noch die Restausläufer mitbekommen. Die anderen Jungs wurden verschont.

Ich ging in den Waschraum, wusch mir mein Gesicht und lief dann zurück in den Gemeinschaftsraum. Norman sah übel zugerichtet aus, aber er grinste mich schief an und fragte: »Na, ist er in der zweiten Runde k. o. gegangen?«

Einen Moment herrschte Totenstille. Dann fingen wir alle an zu lachen. Wir lachten und prusteten, lagen unter den Tischen und strampelten mit den Beinen. Wir japsten nach Luft und es dauerte mindestens fünf Minuten, bis wir uns wieder einigermaßen unter Kontrolle hatten.

Es war wunderbar. Dieser Lachanfall war wie eine große Befreiung. Er zeigte, dass Mr Smith unsere Körper misshandeln konnte, aber dass seine Macht, mit der er unseren Geist und unser Wesen brechen wollte, immer mehr schwand.

Fünfzehn Minuten später kehrte Mr Smith in den Speiseraum zurück. Er hatte sich vollständig im Griff, sprach laut, gleichförmig und ohne Emotionen. Er hielt uns einen Vortrag über Disziplin und über seine Grundsätze, die vor allem darauf abzielten, in der Dumfrieser Gesellschaft gut dazustehen. Dabei fiel sein Blick auffallend oft auf mich.

»Geht jetzt eurem normalen Tagesablauf nach«, sagte er zum Schluss. »McGurk, du holst einen Eimer und einen Besen und machst die Toiletten und den Waschraum sauber!«

Dann verließ er den Gemeinschaftsraum und wir bekamen ihn den ganzen Tag nicht zu Gesicht. Wir atmeten auf und gingen an die Arbeit. Ich spürte zwar jeden einzelnen Knochen, war aber doch erleichtert, dass ich noch am Leben war. Und so ging ich mit Eimer und Wischmob zu den Duschräumen.

Aus der Ferne hörte ich wieder das Radio. Es lief immer noch Weihnachtsmusik. Bing Crosbys »White Christmas« tönte durch die Gänge des Heims. Ich fing an zu wischen und träumte von Weihnachten. Von einem gemütlichen Zuhause mit meiner Mutter und meinen Geschwistern. Und von einem Tannenbaum mit leuchtenden Kerzen.

Wenn ich gewusst hätte, wie nah ich meinem Traum in den nächsten Tagen kommen würde, dann hätte ich die Melodie wahrscheinlich nicht so gedankenverloren mitgepfiffen.

11

WINTERLEID UND FRÜHLINGS- FREUDE

Es war einer der glücklichen Momente, in denen ich all den Schmerz und die fehlende Perspektive in meinem Leben vergessen konnte.

Der Winter in Dumfries war kalt im Jahr 1972. Ungewöhnlich kalt. Das bedeutete: Viel Schnee! Wir Old Boys freuten uns. Wir schlugen so einige Schneeballschlachten gegen die Stadtkinder und ich verbrachte auch allein sehr viel Zeit draußen und nutzte jede Gelegenheit, um in der weißen Pracht spazieren zu gehen. In der Natur war ich zu Hause und jetzt, in dieser Weihnachtszeit, fühlte ich mich einfach wohl. Ich fühlte mich draußen wie in einer anderen Welt, vergaß oft die Zeit und immer, wenn ich ins Kinderheim zurückkehrte, zitterte ich vor Kälte.

Eines Nachmittags verließ ich das Schulgebäude mit blendender Laune. Die Lehrerin hatte alle Kinder nach ihren Weihnachtswünschen und Plänen für die Feiertage gefragt. Ich konnte mich wunderbar mitfreuen, als meine Mitschüler über ihre Familienrituale sprachen, und träumte mich in ihre Welten hinein.

ES WAR EINE SCHÖNE ZEIT UND ICH ERAHNTE ETWAS VON GEBORGENHEIT UND LIEBE, DIE DURCH DAS, WAS AN WEIHNACHTEN GEFEIERT WIRD, EINZUG IN DAS LEBEN DER MENSCHEN HIELT.

Überhaupt schien es so, als wären die Kinder aus der Stadt in dieser Vorweihnachtszeit viel netter zu uns als sonst. Auch im Heim herrschte so etwas wie Weihnachtsstimmung. Es gab sogar Abwechslung im Speiseplan und der verhasste Käse wurde gestrichen und durch Wurst ersetzt. Es war eine schöne Zeit und ich erahnte etwas von Geborgenheit und Liebe, die durch das, was an Weihnachten gefeiert wird, Einzug in das Leben der Menschen hielt.

Ich kannte die Weihnachtsgeschichte gut. Ich wusste, dass Jesu Geburt ein besonderes Ereignis gewesen sein musste. Die Hintergründe und die tieftheologischen Bedeutungen blieben mir zwar verborgen, aber für mich war die Weihnachtsgeschichte von Maria, Josef, Jesus, den Hirten, Ochs, Esel und Stall sehr wichtig. Sie gehörte für mich untrennbar zu dem Weihnachtsgefühl von Frieden und Hoffnung und ich dachte nicht darüber nach, ob diese Geschichte der Wahrheit entsprach.

An diesem Nachmittag hatten wir nach der Erzählrunde noch ein Weihnachtslied gesungen und ich lief summend aus der Schule. Es hatte wieder geschneit und die Dämmerung setzte bereits ein. Überall leuchteten Lichter und in der Ferne hörte ich die Carol-Singer.

Diese schöne britische Tradition liebte ich ebenfalls, deshalb ging ich dem Gesang nach. Fünf Sänger sangen gerade »Merry Christmas«, mein absolutes Lieblingsweihnachtslied. In der Hand hielten sie eine Büchse, in die Passanten immer mal wieder eine Münze warfen. Sie sangen für den guten Zweck.

Das faszinierte mich schon damals, denn auch wenn ich selbst ziemlich hilfsbedürftig war, so hatte ich doch immer den Wunsch, anderen Kindern oder Menschen zu helfen. Das äußerte sich in Kleinigkeiten. Ich teilte alles, was ich hatte, mit den anderen Old Boys. Ungerechtigkeiten hasste ich mehr als alles andere, und wenn ich das Gefühl hatte, dass meine Schulkollegen nicht fair miteinander umgingen, dann wurde ich wütend.

Die Carol-Singer hatten ihr Lied beendet und wechselten den Standort. Einer von ihnen zwinkerte mir zu und warf einen Schneeball auf mich. Die Chance ließ ich mir nicht entgehen. Ich formte selbst einen Schneeball und schoss zurück. Eine kleine Schneeballschlacht entwickelte sich und durch diese willkommene Abwechslung kam ich von meinem üblichen Nachhauseweg ab.

Ich wusste immer noch, wo ich war, beschloss aber, einen anderen Weg zum Kinderheim zu nehmen als sonst. So bog ich von der Hauptstraße nach rechts in ein kleines Waldstück ein und stapfte durch eine zauberhafte und unberührte Winterlandschaft.

Mir wurde warm ums Herz. Es war einer der glücklichen Momente, in denen ich all den Schmerz und die fehlende Perspektive in meinem Leben vergessen konnte.

Und es wurde noch besser. Ich kam an eine kleine Lichtung, auf deren anderer Seite ein wunderbares Haus stand, das durch viele Lichterketten, die an Bäumen und an den Fenstern hingen, hell erleuchtet war. Die Lichtung war nicht eingezäunt, gehörte aber schon zu dem Haus, wie ich an einer kleinen Auffahrt, die vom Waldweg abging, erkennen konnte. Sie führte direkt zur Eingangstür des Hauses.

Ich war selig. Dieses Haus kannte ich. Es war genau das Haus, von dem ich immer geträumt hatte. In diesem Haus wollte ich Weihnachten feiern. Ich konnte nicht anders, ich musste noch näher heran.

Im Schutz der Dämmerung ging ich langsam über die Lichtung und blieb zehn Meter vom Haus entfernt im Schutz einer großen Tanne stehen. Nun konnte ich durch ein riesengroßes Fenster direkt in die Wohnstube sehen. Mir stockte der Atem. Im Wohnzimmer stand ein wunderschöner Weihnachtsbaum mit hellen Lichtern. Auch diese Szene schien direkt aus meinen Träumen entsprungen zu sein. Es war, als würde die Welt kurz den Atem anhalten und auf die »Pause«-Taste drücken, und zwar nur, damit ich diesen Anblick genießen konnte.

Nach einiger Zeit kam Bewegung in das perfekte Bild. Ich spähte durch die Zweige der Tanne und sah, wie ein Junge goldene Kugeln an den Weihnachtsbaum hängte. Der Junge war etwa in meinem Alter. Neben ihm stand eine Frau, bestimmt seine Mutter. Sie reichte ihm eine goldene Christbaumspitze. Der Junge stellte sich auf die Zehenspitzen, um die Spitze des Baumes zu erreichen. Kurz darauf hatte er die Spitze auf dem Baum platziert. Stolz schaute er seine Mutter an und sie lächelte ihm zu. So sieht Frieden und Geborgenheit aus.

Wenige Augenblicke später kam ein Mann ins Zimmer, ging auf Mutter und Sohn zu und umarmte beide. Es war der Vater, der diese perfekte Familienweihnachtsstimmung komplettierte.

In dem Moment, in dem ich diese Umarmung sah, war es, als ob jemand bei mir den Stecker gezogen hätte. Die Weihnachtsstimmung war wie weggeblasen, und Trauer, Wut und Einsamkeit übernahmen wieder das Kommando über meine Gedanken.

ES WAR, ALS WÜRDE DIE WELT KURZ DEN ATEM ANHALTEN UND AUF DIE »PAUSE«-TASTE DRÜCKEN, UND ZWAR NUR, DAMIT ICH DIESEN ANBLICK GENIESSEN KONNTE.

Mir wurde bewusst, dass ich gerade etwas gesehen hatte, was ich niemals erleben würde. Ich war von einem himmlischen Moment direkt in der Gedankenhölle gelandet. Mein Herz krampfte sich zusammen und ich schloss verbittert meine Augen.

Dann schlich ich mich davon und rannte, so schnell ich konnte, ins Kinderheim. In meinem Zimmer angekommen, schmiss ich mich auf mein Bett, vergrub das Gesicht unter meinen Armen und weinte.

Ich war so erschöpft, dass ich einschlief. In meinem Traum sah ich alles noch einmal vor mir. Meinen Vater, der das Essen gegen die Wand schleuderte. Meine Geschwister, die in verschiedene Autos gezerrt wurden und nach unserer Mutter schrien. Ich sah mich hinter dem Bus herlaufen, in dem mein Vater saß. Alles war wieder da.

Meine erste Prügelei, die Spuckattacke, die erste Misshandlung von Mr Smith. Ich konnte förmlich den Ledergürtel auf meiner Haut spüren. Ich sah in seine kalten Augen, bevor sein Gesicht mit dem unheimlichen Gemälde in seinem Arbeitszimmer verschmolz. Dann hörte ich unheimliche Schreie und aus dem Gemälde krochen Halloweengeister heraus.

Sie lachten mich aus, verschwanden und dafür erschien das schockierte Gesicht meiner Mutter vor meinen Augen. Ich befand mich im Hausflur, nur dass hinter mir nicht der nette Polizist stand, sondern Wilson, der immerzu schrie: »Bitte nicht schlagen, Mr Smith, hören Sie auf.«

»John, wach auf.«

Fünf Jungs standen neben mir und Schuggy rüttelte an meiner Schulter. Ich schreckte hoch und war dankbar, dass der Traum vorbei war. Klitschnass geschwitzt, brauchte ich erst noch einige Augenblicke, um wieder klar denken zu können.

Schuggy war auf dem Weg zum Abendessen gewesen, als er an meiner Zimmertür vorbeikam und hörte, wie jemand immer »Bitte nicht schlagen« rief. Da er Angst hatte, allein in mein Zimmer zu gehen, weil er fürchtete, dass Mr Smith gerade wieder einen seiner Wutanfälle hatte, hatte er schnell einige Jungs zusammengetrommelt und gemeinsam waren sie dann in mein Zimmer gestürzt. Sie wollten mich vor dem prügelnden Smith retten, waren aber doch sehr erleichtert, als sie merkten, dass ich nur einen Albtraum gehabt hatte.

Beim Abendessen hing ich wieder meinen Gedanken nach. Ich verfluchte Gott, das Schicksal oder wer auch immer dafür gesorgt hatte, dass ich diesen und nicht den normalen Weg nach Hause nahm. Wieso hatte man zugelassen, dass ich an diesem Haus vorbeiging? Wieso wurde ich so gequält?

Warum? Ich war doch nur ein ganz normaler Junge.

Ein ganz normaler Junge, der nicht mehr viel vom Leben erwartete. Das Gefühl begleitet mich bis heute. Ich denke heute manchmal an einen Jungen, der sich wie der glücklichste Junge der Welt fühlt. Ich weiß nicht, ob es so einen Jungen gibt. Aber vor 46 Jahren stand der wohl traurigste Junge der Welt einsam und weinend am Fenster und beneidete ihn, um das, was jedem Kind auf dieser Welt zusteht: Liebe.

Weihnachten war für mich gestorben und meine einzige Hoffnung war der Frühling. Die Jahreszeit der Hoffnung, des Neuen. Und der kommende Frühling hatte wirklich einen Lichtblick für mich parat. Einen Lichtblick, der mir in Form eines besonderen Freundes begegnete. Der Tag, an dem ich diesen Freund zum ersten Mal traf, verlief jedoch zunächst ziemlich unschön.

Eines frühen Abends hatte ich beim Abendessen wieder einmal den stinkenden Käse in meiner Hosentasche verschwinden lassen, um ihn später zu entsorgen. Auf dem Weg vom Speisesaal in mein Zimmer fiel mir jedoch ein Stück Käse aus der Tasche. Ich hob es hastig wieder auf und wollte es gerade wieder verschwinden lassen, da hörte ich Mr Smiths Stimme hinter mir: »McGurk, stehen bleiben.«

Ich tat so, als hätte ich ihn nicht gehört, und lief einfach weiter.

»McGurk, bleib sofort stehen, sonst passiert etwas.«

»Es ist doch egal, ob ich stehen bleibe oder nicht, es passiert in jedem Fall etwas«, dachte ich.

Trotzdem verlangsamte ich das Tempo und blieb stehen. Ich drehte mich nicht um. Ich wollte ihn nicht sehen, wollte das, was jetzt passieren würde, nicht mehr sehen und nicht mehr erleben.

Mr Smith kam zu mir, packte mich an der Schulter und befahl mir, alle Taschen auszuleeren. Als der Käse zum Vorschein kam, machte sich ein triumphierendes Grinsen auf seinem Gesicht breit. Er zog langsam den Gürtel aus seiner Hose, besann sich dann aber und befahl mir, auf mein Zimmer zu gehen.

Mechanisch setzte ich mich in Bewegung. Er blieb die ganze Zeit dicht hinter mir. Kurz vor meinem Zimmer hörte ich die Stimme der Köchin rufen: »Mr Smith, Telefon! Kommen Sie bitte in Ihr Büro.«

Der Heimleiter blieb stehen, schaute mich an und zischte: »Glück gehabt, Bürschchen. Wir sprechen uns noch.«

Dann fingerte er ungeschickt seinen Gürtel in die Hose und ging, ohne ein Wort zu sagen, an der Köchin vorbei, die uns entgegengekommen war.

Ich atmete tief durch. Glück gehabt.

Diese Chance musste ich nutzen.

Wenn ich bis zum Schlafengehen nicht mehr aufzufinden war, dann würde Smith die Angelegenheit vielleicht vergessen, also: ab nach draußen. Ich machte einen langen Spaziergang und mit jedem Meter, den ich zurücklegte, entspannte ich mich. Die kühle Abendluft tat meiner Seele gut. In einem nahe gelegenen Waldstück machte ich eine Pause und setzte mich auf einen Holzzaun, der eine große Wiese umfasste. Bisher hatte ich angenommen, dass diese Wiese keinerlei Tiere beherbergte, aber heute sah ich in etwa einhundert Meter Entfernung ein Pferd grasen. Ein friedlicher Anblick.

Das Pferd bemerkte mich, hob kurz den Kopf, musterte mich und graste dann in aller Ruhe weiter. Für mich war es, als ob es mir signalisieren würde: Du darfst gern bleiben. Ich finde das okay.

Ich liebe Tiere und ich habe sie schon damals geliebt. Außer einem Hund, der später noch Thema sein wird, hatte ich nie ein Haustier, aber ich erfreue mich an jedem Geschöpf. Und zwar wirklich an jedem. Selbst die Wespe auf der Terrasse ist ein schützenswertes Lebewesen.

An diesem Abend freute ich mich über die Gesellschaft und beschloss, öfter herzukommen. Doch nun musste ich erst mal schnell ins Heim zurück. Ungesehen schlich ich mich auf mein Zimmer und war mir ziemlich sicher, dass Mr Smith nicht mehr zu mir kommen würde.

Ich schlief in dieser Nacht erstaunlich ruhig. Ich freute mich auf die nächste Begegnung mit meinem neuen Freund, dem Pferd, und das gab mir Hoffnung. Leider musste ich am nächsten Tag in die Schule, aber nach dem Mittagessen lief ich wieder zur Weide. Ich hoffte sehr, dass das Pferd noch da wäre, und war erleichtert, als ich es von Weitem sah. Dieses Mal hob es den Kopf und behielt ihn oben. Es schien in meine Richtung zu schauen und kam sogar ein paar Schritte auf mich zu.

ICH SCHLIEF IN DIESER NACHT ERSTAUNLICH RUHIG. ICH FREUTE MICH AUF DIE NÄCHSTE BEGEGNUNG MIT MEINEM NEUEN FREUND, DEM PFERD, UND DAS GAB MIR HOFFNUNG.

Ich kletterte vorsichtig auf den Zaun und blieb ruhig sitzen. Das Pferd kam näher und näher. Nun konnte ich es genauer betrachten. Es war pechschwarz und völlig abgemagert. Es sah aus, als ob es jahrelang völlig vernachlässigt worden wäre.

Knapp zehn Meter vor dem Zaun blieb das Pferd stehen und schnaubte leise. Ich stieg vorsichtig vom Zaun herunter und ging langsam auf es zu. Das Pferd wurde etwas nervös und tänzelte auf der Stelle.

Ganz langsam und ruhig ging ich weiter. Ich sprach zum ersten Mal mit dem Pferd, ganz leise, um es nicht zu erschrecken. Dann blieb ich stehen. Ich hatte überhaupt keine Ahnung, wie man sich einem Pferd nähert. Ich spürte, dass ich behutsam vorgehen musste. Also streckte ich meine Hand aus und wartete. Ich sprach leise: »Hey, wer bist du denn?«

Das Pferd schnaubte leise und ich bekam eine Gänsehaut. Was für ein tolles Pferd! Mir war völlig egal, wie abgemagert und ungepflegt es aussah, ich sah nur die Größe und die großen klaren Augen.

Plötzlich knackte es hinter mir im Gebüsch. Das Pferd erschrak und lief davon, in die Mitte der Weide. »Schade«, dachte ich. Ich stieg wieder über den Zaun und nahm mir vor, beim nächsten Mal ein paar Äpfel mitzubringen.

An diesem Abend schmuggelte ich zwei Äpfel aus dem Speisesaal in mein Zimmer und versteckte sie unter meinem Bett. Der nächste Vormittag verging wie im Schneckentempo. Endlich klingelte es. Schulschluss. Mittagessen.

Und dann wieder ab zur Weide. Diesmal stand das Pferd direkt am Zaun, als ob es auf mich gewartet hätte. Langsam ging ich auf es zu. Im Gehen holte ich einen der Äpfel hervor und streckte meine Hand aus. Ganz dicht am Zaun hielt ich dem Pferd meinen Apfel hin. Es beschnupperte ihn lange und dann biss es zu.

Wir hatten Freundschaft geschlossen. Als es den zweiten Apfel aß, streichelte ich das Pferd am Hals. Es war ein wunderbarer Moment. Ich spürte Zuneigung und freute mich, dass sich jemand wirklich für mich interessierte.

Von da an besuchte ich meinen neuen Freund fast jeden Tag. Er wurde immer zutraulicher. Das Pferd erinnerte mich an Black Beauty, den schwarzen Hengst aus dem Roman von Anne Sewells. Damals lief die gleichnamige Serie im Fernsehen und wurde immer bekannter. Der Westernheld Lone Ranger war ebenfalls eine beliebte Figur und gerade für mich ein absolutes Vorbild. Ein einsamer Mann, der gegen das Unrecht der Welt kämpft und sich von niemandem aufhalten lässt – das wollte ich auch mal werden.

Ich nannte »mein« Pferd Ben. Wenn ich bei ihm auf der Weide war, fühlte ich mich wie in einer anderen Welt. Hier war ich wichtig und hier hatte ich jemanden, dem ich von meinen Problemen erzählen konnte. Der mir zuhörte, vielleicht mal leise schnaubte und mich zärtlich mit seiner Nase anstupste. Sein warmer Atem bedeutet Geborgenheit.

Ben musste einmal ein sehr gepflegtes und stolzes Tier gewesen sein, vielleicht sogar ein Rennpferd. Er bewegte sich elegant. Ich fühlte mich großartig, wenn ich in seiner Nähe war.

Mit dem Wissen von heute kann ich sagen: Kein Wunder! Das Pferd muss gespürt haben, wie es mir ging. Pferdetherapien sind mittlerweile ein anerkanntes Mittel, um Menschen mit Selbstwertproblemen oder posttraumatischen Störungen zu behandeln. Sie spüren die Emotionen der Patienten und sind neugierig. Sie helfen dabei, wieder Vertrauen aufzubauen.

Die Wochen, in denen ich meinen Ben besuchen und mit ihm Zeit verbringen konnte, stärkten mich sehr. Bei ihm tankte ich auf für die Zeit im Heim, für die Einsamkeit und für all das, was noch auf mich wartete.

Außerdem konnte ich endlich einmal Verantwortung für ein anderes Lebewesen übernehmen. Ich versorgte Ben mit Äpfeln und kümmerte mich nach meinen Maßstäben gut um ihn.

Ich sah nie jemand anderen in seiner Nähe. Die Weide lag gut versteckt im Wald und so musste ich ihn mit niemandem teilen.

> **BEI IHM TANKTE ICH AUF FÜR DIE ZEIT IM HEIM, FÜR DIE EINSAMKEIT UND FÜR ALL DAS, WAS NOCH AUF MICH WARTEN SOLLTE.**

Unsere Freundschaft währte nur kurz, aber diese Zeit war das Beste, was mir bis dahin in meinem Leben passiert war. Und jetzt muss ich einmal kurz in die Gegenwart springen, um die Klammer meiner Pferdefreundschaft zu schließen.

Seit einigen Jahren bin ich als Ehrengast zum Reitfestival »Horses & Dreams« eingeladen. Meine lieben Freunde Ullrich und Bianca Kasselmann veranstalten gemeinsam mit einem Reitsportklub und einer Pferdesportorganisation einmal im Jahr dieses mehrtägige Event auf ihrer Anlage im Teutoburger Wald. Mit ganz viel Liebe, Herzblut und ordentlich Know-how gibt's Spitzensport, Show und Aktionen für einen guten Zweck, bei denen ordentlich Geld zusammenkommt.

Ulli bin ich auf vielen Veranstaltungen begegnet. Als er erfuhr, dass ich meinen Kampf gegen die Kinderarmut ehrenamtlich bestreite, sagte er zu mir: »Wo ich helfen kann, da helfe ich dir gerne! Scheu dich bloß nicht, mich anzurufen.«

Er hat Wort gehalten und unterstützt mich und meine Arbeit kräftig. Und ich liebe die Veranstaltung »Horses & Dreams«. Ich liebe es, mit den Menschen zu reden, Kontakte zu knüpfen und die Pferde zu erleben. Manchmal gehe ich in die Ställe und beobachte die schönen Tiere. So ungestört wie damals bin ich dabei nicht, weil man nicht ohne Begleitung an die Boxen darf. Aber ich fühle mich in diesen Momenten dennoch zurückversetzt auf die große Wiese, auf der mein Ben friedlich graste. Dort ging es mir gut.

Wenige Wochen nachdem Ben und ich uns angefreundet hatten, musste ich mich schon wieder von ihm verabschieden, denn meine Zeit in »Lochvale Home« war zu Ende.

Ich würde zu meiner Mutter zurückkehren.

12

NIEMALS GEWALT – EIN ZWISCHENRUF

Kinder können nicht entscheiden, wo und mit wem sie aufwachsen. Sie können negativen Situationen nicht entfliehen.

Robert Burns gilt als berühmtester Sohn der Stadt Dumfries. Die Einheimischen sind auf diesen Dichter, der im 18. Jahrhundert lebte, besonders stolz. Burns wurde zwar nicht in Dumfries geboren, verbrachte aber einen Großteil seines Lebens dort und starb in Dumfries. Er ist vor allem durch den Liedtext zu »Auld Lang Syne« bekannt geworden, was sinngemäß mit »Längst vergangene Zeit« übersetzt werden kann. Im englischsprachigen Raum ist es eines der populärsten Lieder überhaupt. Es wird vor allem zum Jahreswechsel gesungen, um der Verstorbenen zu gedenken. Die deutsche Variante »Nehmt Abschied, Brüder« ist ein beliebtes Abschiedslied bei den Pfadfindern.

»Auld Lang Syne« erinnerte mich daran, wie ich allein am Küchentisch gesessen hatte, als meine Mutter verschwunden war. Hier in Dumfries bekam das Lied noch einmal eine ganz neue Bedeutung für mich. In Strophe zwei und drei dichtete Robert »Rabbie« Burns:

We'll tak' a cup o' kindness yet – For auld lang syne.

Wir werden zueinander recht freundlich sein – Der längst vergangenen Zeiten wegen.

In dem Lied geht es um alte Freundschaften, um ein herzliches Wiedersehen nach einer langen Zeit, das Verbindende soll hochleben und in Erinnerung bleiben.

»Wir wollen zueinander recht freundlich sein, der längst vergangenen Zeiten wegen« – Das kann missverstanden werden, nach dem Motto: »Hey, Schwamm drüber. Das, was damals passiert ist, interessiert uns nicht mehr. Lasst uns das alles vergessen und einfach wieder freundlich sein.«

So interpretiere ich das Lied nicht. In meinen Ohren klingt es hoffnungsvoll, obwohl es so viel Hoffnungslosigkeit auf dieser Welt gibt, obwohl so vieles schiefläuft. Nicht um den Schein zu wahren, sondern weil wir etwas ändern können. Es gibt Hoffnung! Wir müssen die Stimme erheben, aufstehen und denen helfen, die sich nicht selbst helfen können.

Ich möchte dieses Lied allen misshandelten und missbrauchten Kindern widmen und ihnen sagen: »Ihr seid nicht allein. Ihr werdet gesehen. Ich möchte alles dafür tun, damit es euch besser geht. Und auch wenn es oft wie ein Kampf gegen Windmühlen anmutet: Ich tue etwas dafür, dass es euch besser geht.«

1978 sprach die berühmte Autorin Astrid Lindgren die folgenden Worte bei der Verleihung des Friedenspreises des Deutschen Buchhandels. Sie war die erste Kinderbuchautorin, die diesen Preis bekam:

Die jetzt Kinder sind, werden ja einst die Geschäfte unserer Welt übernehmen, sofern dann noch etwas von ihr übrig ist. Sie sind es, die über Krieg und Frieden bestimmen werden und darüber, in was für einer Gesellschaft sie leben wollen. In einer, wo die Gewalt nur ständig weiterwächst, oder in einer, wo die Menschen in Frieden und Eintracht miteinander leben.[1]

Astrid Lindgren

Kurz hatten die Verantwortlichen mit dem Gedanken gespielt, Astrid Lindgren wieder auszuladen, damit sie ihre Rede nicht halten kann, denn sie trat den hohen Herrschaften aus der Jury und den anwesenden Gästen in der Frankfurter Paulskirche mit ihrer Rede »Niemals Gewalt« im übertragenen Sinne ganz schön vors Schienbein.

Sie prangerte in ihrer Rede die Gewalt gegenüber Kindern an und rief dazu auf, nicht zuzulassen, dass Kinder geschlagen werden, und das dann auch noch als erzieherische Maßnahmen zu tarnen.

In Deutschland war die Prügelstrafe in Schulen erst fünf Jahre zuvor abgeschafft worden, in Bayern war sie noch bis 1980 erlaubt. Gewalt als Erziehungsmittel war in Deutschlands Haushalten damals jedoch weiterhin verbreitet, erst seit dem Jahr 2 000 haben Kinder ein Recht auf gewaltfreie Erziehung.

NIEMALS GEWALT GEGEN-ÜBER KINDERN! DENN SIE SIND DIE ZUKUNFT UND DIE GEGENWART UNSERER GESELLSCHAFT.

Astrid Lindgren schloss ihre Rede mit dem Satz: »NIEMALS GEWALT! Es könnte trotz allem mit der Zeit ein winziger Beitrag sein zum Frieden in der Welt.«[2]

Diese Worte sind über dreißig Jahre alt, aber sie sind aktueller denn je. Mich treffen sie direkt ins Herz. Niemals Gewalt gegenüber Kindern! Niemals! Denn sie sind nicht nur die Zukunft, sondern vor allem die Gegenwart unserer Gesellschaft. Ohne Kinderlachen, ohne die Fantasie und Verrücktheit von Kindern wäre die Welt ein sehr trostloser Ort.

Niemals Gewalt!

Es ist eine hohe Verantwortung, die wir Erwachsenen für die uns anvertrauten Kinder tragen. Die ersten Lebensjahre sind entwicklungspsychologisch für Geist und Seele elementar. Das, was in dieser Zeit passiert, wirkt sich auf das restliche Leben aus. Und genau in diesen so wichtigen Lebensjahren sind Kinder komplett von anderen Menschen abhängig. Sie können sich nicht entscheiden, wo und mit wem sie aufwachsen. Sie können negativen Situationen nicht entfliehen. Das ist unfair.

Manche Leute behaupten, dass Menschen wie Mr Smith Kindern wie mir Disziplin beibringen wollten. Das ist völliger Unsinn. Ich glaube, dass er krank war und außerdem eine sadistische Neigung in sich trug. Wie so ein Mensch über vierzig Jahre ein Kinderheim leiten konnte, ist mir ein Rätsel.

Ich frage mich, warum in diesen vierzig Jahren scheinbar niemand stutzig wurde. Wo keine Aufzeichnungen vorliegen, da kann man auch nicht belangt werden. Nach meinen Informationen musste Mr Smith keine Berichte anfertigen, wurde nie befragt oder hinterfragt.

Aber das »Warum?« bleibt. Warum ist niemand aus dem Umfeld stutzig geworden? Warum haben die anderen Angestellten des Kinderheims nicht eingegriffen? Haben sie nichts gewusst? Haben sie geschwiegen? Wenn das zutrifft: Warum? Aus Angst? Fanden sie es etwa richtig?

Ich habe bis heute keine Antwort auf diese Fragen.

Viele der Jungs aus dem »Lochvale Home« sind, auch durch die im Heim erlebten Misshandlungen, auf die schiefe Bahn geraten und einige hat das das Leben gekostet.

Niemals Gewalt!

2016 wurden laut Kriminalstatistik 4 204 Kinder allein in Deutschland schwer misshandelt. 133 Kinder überlebten dieses Martyrium nicht. Hinzu kommen bundesweit bis zu 200 Babys, die sterben oder chronisch geschädigt sind, weil sie geschüttelt werden.[3] Ich befürchte, dass die Dunkelziffer weitaus höher ist.

NIEMALS GEWALT!

Die Gründe sind vielfältig und natürlich ist jeder Fall individuell. Aber es ist grundsätzlich erschreckend und nicht tolerierbar, dass so viele Kinder Opfer von Gewalttaten werden. Diese Gewalttaten erstrecken sich übrigens auf alle Bevölkerungsschichten. Sie zeigen mir deutlich, dass wir nicht aufhören dürfen, aufzuklären, zu helfen und genau hinzuschauen.

Ich möchte an dieser Stelle meine Kinderheimerlebnisse ruhen lassen und Sie auf meinen weiteren Lebensweg mitnehmen. Mit vierzehn Jahren habe ich das Kinderheim in Dumfries verlassen und bin zu meiner Mutter zurückgekehrt. Sie hatte ihr Leben etwas geordnet und auch der Lebensgefährte war bereit, mich aufzunehmen.

Doch ich kam nicht allein zurück zu meiner Mutter. All das, was ich erlebt hatte, trug ich wie einen Rucksack bei mir. Und dieser Rucksack zog mich immer wieder runter. Doch ich habe trotzdem nicht aufgegeben. Ich habe mich nicht in mein Schicksal ergeben. Daran hatte Gott einen nicht unerheblichen Anteil. Als ich das Vertrauen in ihn einmal gefunden hatte, habe ich es nicht mehr verloren.

ES IST ERSCHRECKEND UND NICHT TOLERIERBAR, DASS SO VIELE KINDER OPFER VON GEWALTTATEN WERDEN.

Ich bin überzeugt, dass Gott Kinder, die misshandelt werden, die in Armut aufwachsen und keine richtige Kindheit genießen können, ganz besonders liebt. Er hat es mir gezeigt. Mehrmals. Und ich glaube, dass er mit Astrid Lindgren übereinstimmt und allen Menschen, die Verantwortung und Macht gegenüber Kindern missbrauchen, zuruft:

Niemals Gewalt!

13

ZURÜCK IN GLASGOW

»Wenn du deine Hand
auch nur bewegst,
schlitze ich dich auf.«

Das Messer des Jugendlichen, der mir nahe der Wilson Street am Stadtrand von Glasgow gegenüberstand, blitzte kurz auf. Er war wie aus dem Nichts aufgetaucht und starrte mich feindselig an.

»Wenn du deine Hand auch nur bewegst, schlitze ich dich auf«, zischte er.

Er war etwas älter als ich, wahrscheinlich fünfzehn oder sechzehn. Zerrissene Jeans, Turnschuhe und eine Lederjacke. Ich wusste sofort, dass dieser Typ zu einer der zahlreichen Glasgower Straßengangs gehörte. Ich war in ihrem Revier unterwegs, stellte also eine potenzielle Gefahr dar. Ein Junge ungefähr in seinem Alter, den er nicht kannte. Aus dem Augenwinkel sah ich, dass hinter der nächsten Hausecke weitere Jungs warteten.

Ich atmete tief durch.

Der Junge konnte mich nicht kennen, denn ich war gerade mal einen Tag hier bei meiner Mutter. Ich war tatsächlich endlich dem »Lochvale Home« entflohen – diesmal nicht heimlich durch ein Fenster, sondern hochoffiziell durch die Eingangstür.

Es war eine Befreiung für mich: kein Mr Smith mehr, keine Angst vor einer Tracht Prügel. Ich durfte endlich zu meiner Mutter ziehen! Ich hatte nicht mehr damit gerechnet, und als ich die Nachricht bekam, dass ich zum Ende des Monats das Kinderheim verlassen würde, dachte ich erst, dass es sich um einen Scherz oder eine Verwechslung handeln müsse.

Große Freude wollte sich jedoch auch dann nicht einstellen, als ich mir sicher war, dass es kein Scherz war. Die Erinnerungen an meine winterliche Flucht zu meiner Mutter hatten zu tiefe Spuren hinterlassen.

Ihr Gesichtsausdruck, in dem Moment, als sie mich gesehen hatte, verfolgte mich immer noch. Mit den Jahren hatte die Sehnsucht nach ihr merklich nachgelassen. Auch der Gedanke an ihren Lebensgefährten trug nicht dazu bei, mich zu freuen. Trotzdem war es mir natürlich tausendmal lieber, bei ihr zu sein, als auch nur einen Tag länger in Dumfries zu verbringen.

An einem sonnigen Morgen im Juli 1975 packte ich nach knapp vier Jahren in Dumfries meine bescheidenen Habseligkeiten in einen Koffer. Die Köchin im »Lochvale Home« hatte mir extra ein Lunchpaket fertig gemacht. Eine sehr nette Geste von ihr, aber ich musste gar nicht hineinschauen, um zu wissen, dass sie Käsebrote geschmiert hatte – mit dem von mir so verhassten und stinkenden Käse. Ich bedankte mich trotzdem und stopfte das Paket in meinen Koffer.

DIE ERINNERUNGEN AN MEINE WINTERLICHE FLUCHT ZU MEINER MUTTER HATTEN TIEFE SPUREN HINTERLASSEN.

Mr Smith ließ sich zu meinem Abschied nicht blicken. Er hatte mir bereits am Abend vor meiner Abreise nach dem Abendessen einen Vortrag gehalten, in dem er unverhohlen sagte, dass er nicht glaubte, dass ich einen anständigen Schulabschluss machen, geschweige denn eine Lehrstelle finden würde, und dass die Gefängnisse in Glasgow schon mal eine Zelle für mich freihalten sollten.

Es kümmerte mich allerdings schon lange nicht mehr, was Mr Smith sagte.

Wie vier Jahre zuvor wurde ich von einem Mitarbeiter des Kinderschutzbundes abgeholt. Als der Wagen vorfuhr, stieg ich sofort ein. Keiner von den anderen Old Boys ließ sich blicken. Ich hatte mich bereits am Vortag von ihnen verabschiedet, denn ich wollte keine Abschiedsszenen.

Nur weg! So schnell wie möglich!

Im Gegensatz zu Mr Smith würde ich einige der Jungs vermissen. Manche waren schon lange vor mir in ihre Familien zurückgekehrt oder hatten eine Pflegefamilie gefunden. Andere mussten noch bleiben. Ich bedauerte sie und wünschte ihnen, dass sie ebenfalls bald hier weg konnten.

Als das Auto das »Lochvale Home« verließ, blickte ich mich nicht einmal um. Ich wollte dieses Kapitel meines Lebens möglichst schnell vergessen. Von Ben hatte ich mich bereits verabschiedet.

Bei meiner Mutter angekommen, stieg ich aus dem Auto und holte meine Sachen aus dem Kofferraum. Der Fahrer wartete nicht, bis ich im Reihenhaus verschwunden war, stieg nicht einmal aus, sondern sagte mir nur noch schnell aus dem offenen Fenster, dass meine Mutter in den nächsten Tagen einige Unterlagen bekommen würde. Diese solle sie ausfüllen und zurückschicken. Ich nickte und er brauste davon.

Die Strecke vom Tor zur Eingangstür kam mir viel zu kurz vor. Ich wollte die Begegnung so lange wie möglich hinauszögern, denn ich wusste nicht, was mich erwartete, und hatte große Angst, dass meine Mutter es sich vielleicht doch noch anders überlegt hatte.

> ICH WOLLTE DIE BEGEGNUNG MIT MEINER MUTTER SO LANGE WIE MÖGLICH HERAUSZÖGERN, DENN ICH WUSSTE NICHT, WAS MICH ERWARTETE, UND HATTE GROSSE ANGST, DASS SIE ES SICH VIELLEICHT DOCH NOCH ANDERS ÜBERLEGT HATTE.

Aber ich hatte die Haustür noch nicht erreicht, da wurde sie geöffnet und meine Mutter kam auf mich zu. Sie hatte die Hände in ihrer Kittelschürze vergraben und sah mich an. Dann lächelte sie unsicher.

Ich blieb stehen und wartete, bis sie mich erreicht hatte. Sie griff nach meiner Hand und sagte: »Hi John!«

Und da war etwas in ihrer Stimme. Etwas, nach dem ich so lange gesucht hatte. Etwas ganz Kleines und Zerbrechliches, was ich aufsog und nie wieder hergab. Es war so etwas wie Zuneigung.

Wir gingen Hand in Hand ins Haus. Meine Mutter zeigte mir alles. Das Haus war klein und einfach eingerichtet, aber für mich war es völlig ausreichend. Ich hatte sogar ein eigenes Zimmer mit Blick auf den Hof. Wir sprachen wenig und ich spürte, dass meine Mutter nicht genau wusste, wie sie mit mir umgehen sollte. Mir erging es genauso. Wir waren uns fremd. Wir mussten uns neu kennenlernen. Das brauchte Zeit.

So blieb ich bis zum Abend auf meinem Zimmer. Als Glenn, der Lebensgefährte meiner Mutter, nach Hause kam, aßen wir zusammen zu Abend. Allein so eine geregelte Mahlzeit hatte ich im Rahmen meiner Familie noch nie bewusst eingenommen und ich genoss das spartanische Essen, das aus Brot und etwas Aufschnitt bestand. Das Käsebrot aus dem Heim hatte ich längst vergessen. Ich entdeckte es einige Tage später zufällig in meiner Tasche. Es war völlig ungenießbar und stank bestialisch und ich entsorgte es heimlich.

Glenn machte keine Anstalten, seine Abneigung mir gegenüber zu verbergen. Es war meine Mutter, die sich dafür eingesetzt hatte, dass ich bei ihnen leben sollte. Aber er war glücklicherweise nicht oft zu Hause. Er arbeitete viel und hart. Trotzdem reichte es nur für das Nötigste und ein Esser mehr im Haus war sicherlich nicht das, was er gebrauchen konnte, zumal ich als Jugendlicher im Wachstum eigentlich immer Hunger hatte.

Und so führte mich am nächsten Nachmittag mein erster Gang nach draußen direkt zum Eiswagen, der durch die Vororte von Glasgow fuhr. Ich hörte die Glocke schon von Weitem und war sehr dankbar über diese Abwechslung. Glenn war nicht da und meine Mutter hatte mir etwas Kleingeld gegeben. Ich war kaum auf der Straße, da stand auch schon der etwas ältere Junge mit dem Messer vor mir.

ICH VERLIESS DAS HAUS UND DA STAND AUCH SCHON DER JUNGE MIT DEM MESSER VOR MIR.

Ich war überrascht, aber nur kurz. Ich wusste, dass Bezirke wie dieser von Straßengangs kontrolliert wurden. Es gab sogar Bereiche, in denen sich selbst die Polizei nicht gern blicken ließ.

Der Junge, mit dem ich es hier zu tun hatte, war kein Musterknabe, gehörte aber, wie sich später herausstellte, nur einer Gang von Halbstarken an, den »BigBoys«. Nicht ungefährlich, aber nicht von dem Kaliber, das mir große Angst einjagte. Wobei, das Messer machte mich doch nervös. Außerdem waren diese Straßengangs untereinander gut vernetzt und es wurden manchmal Straßenschlachten angezettelt, nur weil jemand ein Mitglied einer Straßengang schief angeschaut hatte.

»Ich habe dich hier noch nie gesehen. Woher kommst du«, zischte der Junge zwischen den Zähnen hervor. Er wirkte, als wäre er auf der Hut, und ich sah Schweißperlen auf seiner Stirn.

Ich hob beschwichtigend die Hände. »Ich wohne hier. Da vorne.«

Ich zeigte auf das Haus meiner Mutter.

»Quatsch. Du sprichst gar nicht so, als wenn du hier wohnst. Alter, erzähl keinen Scheiß.«

Der Junge wurde noch nervöser.

Mist. Mein Akzent hatte mich natürlich als Fremden identifiziert. Ich wollte gerade zu einer Erklärung ansetzen, da kam meine Mutter, die die Szene vom Haus aus beobachtet hatte, auf uns zugerannt.

»Hey, Billy, ganz ruhig. Das ist mein Sohn. Alles okay! Der wohnt erst seit gestern bei uns.«

Billy blickte zwischen mir und meiner Mutter hin und her. Dann steckte er sein Messer ein und ging langsam rückwärts.

»Glück gehabt, Junge.«

Er drehte sich um und verschwand mit seinen Jungs um die nächste Hausecke. Meine Mutter und ich sahen uns an.

»Danke, Mum«, sagte ich leise. »Aber ich wäre schon mit ihm fertiggeworden.«

»Weiß ich doch, John«, erwiderte meine Mutter.

Nach diesen Worten verschwand sie wieder im Haus. Ich stand noch einige Minuten regungslos an derselben Stelle und musste lächeln. Nicht, weil ich gerade mit einem Messer bedroht worden war, sondern weil meine Mutter sich gerade für mich eingesetzt hatte. Zum ersten Mal in meinem Leben spürte ich so etwas wie Geborgenheit.

Die Glocke des Eiswagens riss mich aus meinen Gedanken. Ich lief die Straße hinunter und war in diesem einen seltenen Moment mit meinen vierzehn Jahren einfach Kind.

14

LICHT UND SCHATTEN

Sie schaute mich an
und ich bemerkte den Stolz,
der in ihrem Blick lag.

Es ist nicht überraschend, dass viele erfolgreiche Kriminalromane im Glasgow der Siebzigerjahre spielen. Nicht nur verruchte und zwielichtige Typen gab es damals genug – als Einheimischer darf ich es ja schreiben: Meine Heimat- und Lieblingsstadt war voller trostloser und schäbiger Ecken, die ein perfektes Setting für Gewalt und Kriminalität jeglicher Art boten.

Und das war kein Zufall: Das, was sich in den Sechzigerjahren schon angedeutet hatte, bestätigte sich Anfang der Siebziger: Die Wirtschaft brach zusammen. Aber so richtig. Und die Folgen waren Jahrzehnte später noch spürbar.

Motorenwerke, Kohleminen und Stahlwerke wurden reihenweise geschlossen. Unzählige Menschen wurden dadurch arbeitslos. Die Arbeiterkrawalle waren eine Folge dieses Dramas. Die Perspektive fehlte, und zwar in jeglichen Bereichen. Nur im Fußball war Glasgow auch in dieser Zeit immer ganz oben mit dabei. Die beiden lokalen Klubs, Celtic FC und Rangers Football Club, wechselten sich in den nationalen Meisterschaften mit den Titelgewinnen ab, und auch auf internationaler Bühne schaute die Welt, zumindest wenn es um das runde Leder ging, nach Glasgow.

Mich hat der Fußball nie so richtig in seinen Bann gezogen. Da mich keine meiner potenziellen Vaterfiguren jemals mit in den Celtic oder den Ibrox Park genommen hat, war der klassische Weg zum Fußballfan bei mir nicht vorhanden. Aber ob Fußballfan oder nicht, egal ist einem die Rivalität der beiden großen Klubs nicht. Da muss man sich schon positionieren. Beim Stadtderby »Old Firm« drücke ich heute noch eher den Celtics die Daumen.

Der Klub der katholischen Einwanderer aus Irland Celtic FC und die eher protestantisch geprägten Rangers boten den Menschen in dieser schwierigen Zeit die Möglichkeit, sich abzulenken, Frust abzubauen und mal ordentlich Dampf abzulassen. Gerade bei den Stadtduellen krachte es öfter mal.

Im Jahr 1971, mitten im wirtschaftlichen Chaos, gab es beim Derby eine Katastrophe. Am 2. Januar brach eine Absperrung der Tribüne und 66 Menschen kamen dabei zu Tode. Doch das war eine Ausnahme, meist gab es Grund zum Feiern.

Woche für Woche sorgten die Kicker beider Mannschaften dafür, dass die Alltagssorgen für einen Moment Pause hatten. Meisterschaften wurden frenetisch gefeiert. 1972 gewannen die Rangers den Europapokal, Celtic holte den internationalen Titel 1967 und 1970 nach Glasgow.

DAS, WAS SICH IN DEN SECHZIGERJAHREN SCHON ANGEDEUTET HATTE, BESTÄTIGTE SICH ANFANG DER SIEBZIGER: DIE WIRTSCHAFT IN GLASGOW BRACH ZUSAMMEN.

Viele Jungs und Mädels kickten zwischen den heruntergekommenen Häusern und Wäscheleinen und träumten von einer Karriere als Fußballstar. Somit trug der Fußball auch dazu bei, dass die Jugend einen ordentlichen Zeitvertreib hatte und immerhin teilweise vor einer kriminellen Karriere bewahrt wurde.

1990 wurde Glasgow Kulturhauptstadt Europas und diese Auszeichnung beschreibt den Aufstieg der Stadt in den Neunzigerjahren ziemlich gut.

Heutzutage kommen jedes Jahr Millionen von Touristen in die attraktive Stadt und die Verantwortlichen tun einiges dafür, dass es so bleibt. Fast alle bedeutenden Museen innerhalb Glasgows kosten keinen Eintritt und selbst die Eintrittspreise beim Fußball sind im europäischen Vergleich sehr erschwinglich.

In den Siebzigerjahren sah ich jedoch keinen einzigen Touristen. Selbst als Einheimischer musste ich mich vorsehen und immer schön aufpassen, dass ich mich nicht zu lange in einem Viertel aufhielt, das von einer rivalisierenden Gang beherrscht wurde.

Die Zeit bei meiner Mutter und ihrem Lebensgefährten war gut auszuhalten. Mein Stiefvater interessierte sich überhaupt nicht für mich. Meine Mutter ließ mich spüren, dass ich einigermaßen willkommen war, aber ich hatte alle Freiheiten. Leider waren unsere finanziellen Mittel sehr begrenzt, sodass ich diese Freiheiten nicht auskosten konnte. Gemeinsame Unternehmungen gab es nicht, so blieb ich in meinen Teenagerjahren notgedrungen immer zu Hause oder in der unmittelbaren Gegend. Freunde hatte ich keine.

Halt, einen Freund hatte ich. Meinen Hund Major, ein Schäferhund und der treueste Begleiter, den ich mir damals vorstellen konnte. Er war ein Geschenk meiner Tante, die in unserer Nähe wohnte und mitbekommen hatte, dass ich sozial eher von der Welt abgeschnitten war. Ihr war Major als ganz junger Straßenhund zugelaufen und sie hatte ihn aufgezogen.

Major war immer an meiner Seite. Er schlief vor meinem Bett und begleitete mich sogar zur Schule. Wie in einem kitschigen Tierfilm wartete er davor, bis die Schule aus war, und ging anschließend wieder mit mir nach Hause. Wir waren selten getrennt, ihm konnte ich meine Sorgen erzählen und mit ihm unternahm ich viele Ausflüge in meiner tristen Umgebung.

Die Straßen waren staubig, die Häuser renovierungsbedürftig. Aber niemand hatte Geld dafür und nur wenige gaben sich Mühe, ihr Eigenheim instand zu halten. Ziegelsteine lagen auf der

Straße, kaputte Fenster wurden, wenn überhaupt, mit Brettern ausgebessert, Wäscheleinen durchzogen die kleinen, heruntergekommenen Gärten und boten Versteckmöglichkeiten für die Kinder der Nachbarschaft.

Trotz all der eher schwierigen Umstände genoss ich diese Zeit. Es war überhaupt kein Vergleich mit den Heimerlebnissen und so war ich einfach zufrieden mit dem, was ich hatte. Mein absolutes Highlight war der Eiswagen, der mit wöchentlicher Regelmäßigkeit durch die staubigen Straßen fuhr und von mir besonders im Sommer sehnsüchtig erwartet wurde.

Zur Schule ging ich mehr oder weniger regelmäßig. Ich war nicht unbegabt, aber mir fehlten Antrieb und Motivation und so betrachtete ich den Unterricht eher als notwendiges Übel. Auch die Lehrer waren keine Vorzeigepädagogen, sondern eher die klassischen Erzieher, denen schon mal die Hand ausrutschte und denen die einzelnen Schüler ziemlich egal waren.

Ich verließ die Schule bei der erstbesten Möglichkeit, um eine Lehre als Maler und Lackierer zu beginnen. Ich bekam mit, dass die Firma Macintosh Auszubildende suchte, und bewarb mich mit fünfzehn Jahren. Ich rechnete nicht damit, dass mir irgendjemand auch nur den Hauch einer Chance geben würde, jemals eigenes Geld zu verdienen. Meine Mutter rechnete noch weniger damit als ich.

Und dann kam die Zusage.

Der Brief war am Mittag in der Post. Ich öffnete ihn allein in meinem Zimmer und führte einen Freudentanz auf. Meiner Mut-

> DANN BEMERKTE ICH DEN STOLZ, DER IN IHREM BLICK LAG: EINES IHRER KINDER HATTE ES TATSÄCHLICH GESCHAFFT, EINEN JOB ZU BEKOMMEN.

ter verriet ich noch nichts. Erst am Abend, als wir beide allein am Küchentisch saßen, schob ich ihr den Brief rüber. Sie nahm ihn in die Hand, legte ihn dann wieder auf den Küchentisch und fuhr mit ihren Fingern Zeile für Zeile über das Papier. Meine Mutter konnte nicht mehr so gut sehen, aber die Wörter »Zusage« und »Ausbildungsbeginn ist am 01.08.« konnte sie doch entziffern. Sie schaute mich an und ich bemerkte den Stolz, der in ihrem Blick lag. Eines ihrer Kinder hatte es tatsächlich geschafft, einen Job zu bekommen.

Der Lebensgefährte meiner Mutter äußerte sich weniger euphorisch. Aber immerhin, auch er war erleichtert, dass ich überhaupt irgendwo untergekommen war.

Für mich war die Zeit der Lehre ein absolutes Privileg und ich tat alles, um zu zeigen, dass ich es draufhatte. Ich kam pünktlich, blieb häufig länger als nötig und gab mir allergrößte Mühe, die Arbeit sorgfältig zu verrichten.

Neben meinem Schäferhund war der Job alles, was meinem Leben Sinn und Würde verlieh. Klar hatte ich auch Interesse an Mädels und den einen oder anderen Flirt gab es schon. Aber die meisten waren nicht von Erfolg gekrönt.

Ich war nicht selbstbewusst genug und musste oft böse Kommentare wegen meiner heruntergekommenen Kleidung einstecken. Einmal spielte ich mit Major im Park, als drei Mädels in meinem Alter vorbeikamen. Normalerweise sind Hunde ja immer ein Garant für einen kurzen Small Talk und ich gab mir Mühe, meine mit Major eingeübten Tricks vorzuführen. Das Pfötchengeben klappte hervorragend, doch als die drei jungen Damen in Hörweite waren, schnappte ich Satzfetzen auf wie: »Guck dir mal die Schuhe an« und »So viele Löcher«. Hochnäsig stolzierten die Mädchen an mir vorbei und würdigten mich keines Blickes.

Ich ließ mir nichts anmerken, sondern sagte laut: »Major, Achtung! Zickenalarm!«

Trotzdem spürte ich einen Stich in meinem Herzen – aber gleich im nächsten Augenblick stupste Major mich an, als ob er sagen wollte: »Lass dir von denen nichts erzählen.« Ich umarmte ihn und flüsterte in sein Ohr: »Diese arroganten Zicken. Von denen lasse ich mich nicht runterziehen. Eines Tages werde ich hierher zurückkehren, und dann werde ich keine Löcher mehr in den Schuhen haben. Ich werde ein Leben haben, auf das ich stolz bin.«

Ich fühlte mich in dieser Phase meines Lebens selbstbewusster als jemals zuvor. Ich war ein Teenager, mitten in der Pubertät, in denen die meisten Gleichaltrigen eine Sinnkrise haben. Doch ich bekam mein eigenes Gehalt, nicht viel, aber es war wie ein Traum für mich. Die traumatischen Erlebnisse meiner Vergangenheit bedrängten mich in dieser Zeit kaum und so lebte ich endlich ein zumindest ansatzweise normales Leben.

Ein Firmenauftrag ermöglichte es mir sogar einmal, aus Glasgow herauszukommen. Mit siebzehn Jahren betrat ich zum ersten Mal die schottische Insel Iona, ein wahres Schmuckstück. All das, was Glasgow an Schönheit fehlte, war hier vorhanden. Grüne Wiesen, tolle Strände, restaurierte alte Häuser und eine spürbar künstlerische Atmosphäre. Ich kannte mich mit Kultur wenig aus, aber selbst ich armes Stadtkind merkte beim Betreten der Insel sofort, dass dieses Fleckchen Erde nicht umsonst als das geistliche Zentrum Schottlands bezeichnet wird.

McBeth, der schottische König, der vor allem durch Shakespeares gleichnamiges Drama bekannt wurde, soll hier begraben sein. Großartige Schriftsteller wie Theodor Fontane besuchten die Insel und ließen sich von ihrer Schönheit und Weite inspirieren.

Wir blieben ein paar Tage vor Ort, daher konnte ich die Insel ein wenig erkunden. Und so saß ich als junger Lehrling eines Abends nach Feierabend am Strand und starrte auf die Wellen des Atlantiks. Ich konnte mein Glück kaum fassen. Ich atmete einmal tief ein, schloss die Augen und genoss den Moment.

Und plötzlich kehrten die schrecklichen Bilder zurück. Wie von einer dämonischen Hand gesteuert, schoben sich dunkle Wolken vor mein inneres Auge und alles Schreckliche war wieder da. Ich saß noch immer am Strand der Insel Iona, aber mir blieb die Luft weg. Ich weiß nicht, woran es lag. War es die Ruhe, die mich aufwühlte? Oder die Tatsache, dass ich endlich einmal glücklich war? War es der heilige Ort, der die tiefsten Abgründe meiner Seele zutage förderte?

> **WIE VON EINER DÄMONISCHEN HAND GESTEUERT, SCHOBEN SICH DUNKLE WOLKEN VOR MEIN INNERES AUGE UND ALLES SCHRECKLICHE WAR WIEDER DA.**

Ich sah Mr Smith mit seinem Gürtel vor mir stehen, diabolisch lächelnd. Dann drangen meine Geschwister in mein Bewusstsein. Ich sah, wie sie in unterschiedliche Wagen des Kinderschutzbundes verfrachtet wurden. Instinktiv kauerte ich mich zusammen. Wie damals auf meinem Bett im »Lochvale Home« lag ich am Strand und flüsterte: »Warum werde ich es nicht los?«

Wenige Minuten später war der Spuk vorbei. Ich stand auf. Mittlerweile war es fast dunkel geworden. Ich ging in unser Quartier, eine kleine Pension. In dieser Nacht ließ ich das Licht an. Ich wollte nicht, dass die bösen Schatten meiner Vergangenheit mich wieder einholten.

Am nächsten Tag fuhren wir zurück nach Glasgow. Trotz der schönen Erlebnisse, die ich in Iona gehabt hatte, war ich froh, die Insel hinter mir zu lassen. Doch auch in Glasgow erlebte ich seit diesem Abend am Strand regelmäßig Momente, in denen ich mit meinen Erlebnissen von früher konfrontiert wurde.

Ich veränderte mich. Ich rauchte mehr und fing an, regelmäßig zu trinken. Ich kann nicht mal genau sagen, ob das wirklich an dem Erlebnis auf Iona lag, aber mein Lebenswille wurde schwächer. Mir war vieles einfach egal. Ich hing oft in meinem Zimmer herum,

MEIN MÜHSAM AUFGEBAU-TES SELBSTBEWUSSTSEIN BRÖCKELTE. GEDANKEN WIE »WAR DOCH KLAR, JOHN« NISTETEN SICH BEI MIR EIN. DIE ARBEITSLOSIGKEIT STAND KURZ BEVOR.

war lustlos und hatte keinen Antrieb. Das wirkte sich auch auf die Leistungen in meinem Job aus. Der Meister eröffnete mir knappe drei Monate vor dem Ende der Ausbildung, dass sie mich leider nicht übernehmen konnten.

Mein mühsam aufgebautes Selbstbewusstsein bröckelte. Gedanken wie »War doch klar, John« nisteten sich bei mir ein. Die Arbeitslosigkeit stand kurz bevor. Ich erzählte niemandem davon, versuchte mich abzulenken. Das war mittlerweile besser möglich, denn mit meinem Gehalt konnte ich endlich abends ausgehen. Mit einigen Kumpels ging ich regelmäßig in Pubs und ich freute mich, auch das Nachtleben genießen zu können.

Ich tat alles dafür, dass niemand sah, aus welcher sozialen Schicht ich kam. Das gelang mir in den meisten Fällen recht gut. Ich schmiss sogar die eine oder andere Runde für meine Kumpels.

Das tat meinem Geldbeutel sehr weh, aber das Gefühl, akzeptiert zu werden, war diese Investitionen allemal wert.

Es muss wohl die sechste oder siebte Runde gewesen sein, die mich eines Abends im Oktober mitten in Glasgow vor die Hintertür unseres Lieblingspubs trieb. Ich war nicht betrunken, brauchte aber frische Luft und verließ den stickigen Raum. Es war kurz vor 23 Uhr. Ein Freund begleitete mich. Wir zündeten uns jeder eine Zigarette an und bliesen den Dampf in die kalte Luft.

Neben mir führte eine Wendeltreppe in die erste Etage des Hauses. Eine Lampe direkt über der Tür des Pubs spendete schwaches Licht. Im Hof standen zwei Müllcontainer. Ein halbhoher Zaun trennte den Hof von einer schmalen Gasse, die sich zwischen den Häusern der Großstadt hindurchschlängelte.

Gerade als ich die Zigarette ausgetreten hatte und wieder in den Pub gehen wollte, hörte ich ganz in der Nähe eine Frauenstimme, die um Hilfe rief. Ich horchte auf.

Da war es wieder: »Lass mich los, du Schwein.«

Ich zögerte keine Sekunde, sondern rannte über den Hof, sprang über den kleinen Zaun auf den schmalen Weg und versuchte, zu orten, woher der Hilferuf kam. Mein Kumpel kam hinter mir her. Links von mir, in ungefähr fünfzig Meter Entfernung unter einer Straßenlaterne sah ich eine Gestalt auf dem Boden liegen. Eine andere beugte sich über sie.

Ich lief weiter. Nun konnte ich erkennen, dass es sich um einen Mann und eine Frau handelte. Die Frau lag am Boden. Vermutlich wollte der Mann die Frau ausrauben und hatte sie niedergeschlagen, weil sie sich gewehrt hatte.

Ich rief von Weitem: »Lass die Frau in Ruhe.«

Der Typ hielt inne und drehte sich in meine Richtung. Mittlerweile war ich nur noch zwanzig Meter entfernt. Der Mann war groß, breitschultrig und hatte einen kahl rasierten Schädel. Er hatte einen glasigen Blick. Man sah ihm an, dass er mit Drogen vollgepumpt war. Der Blick der Frau war starr vor Angst. Ihr Gesicht war voller Blut.

Jetzt hatte ich die beiden fast erreicht.

»Verpiss dich, Alter«, lallte der Typ mit schwerer Zunge. »Das geht dich nix an.«

Im Hintergrund hörte ich meinen Kumpel rufen. »John, komm da weg. Das regelt sich schon. Mach keinen Scheiß.«

Aber das war absolut keine Option für mich. Als ich die Frau dort liegen sah, überkam mich wieder ein Flashback und ich dachte an meine Zeit im Heim. Diese Hilflosigkeit. Diese Ungerechtigkeit. Diese Ohnmacht, wenn ein Mensch einem anderen Gewalt antut. Das konnte ich nicht zulassen. Das durfte nicht sein. Blanke Wut überkam mich und durchflutete meinen Körper wie eine Woge.

Ich rannte noch schneller. Mir war völlig egal, dass der Typ größer und kräftiger war als ich. Aus vorherigen Auseinandersetzungen wusste ich, dass ich nur eine Chance hatte, wenn ich sofort und als Erster zuschlug.

Der kahl rasierte Typ war so überrascht, dass er nicht mal die Arme zum Schutz hochreißen konnte, als ihn meine Faust mitten ins Gesicht traf. Er taumelte gegen einen Gartenzaun, der den Weg von einem anderen Grundstück abgrenzte.

Ich rief der Frau zu: »Hauen Sie ab.«

Die Frau rappelte sich auf und rannte sofort los.

Der Typ fing sich leider ziemlich schnell wieder. Schneller als mir lieb war. Er blutete zwar aus der Nase, aber einige seiner Gehirnwindungen schienen noch zu funktionieren. In seiner Hand hielt er eine Glasflasche, und während er sich aufrappelte, schlug er die Flasche auf den Boden, sodass ein Teil absplitterte und er nun eine gefährliche Waffe zur Verfügung hatte.

Sein Bewegungsablauf überraschte mich. Er musste das schon des Öfteren genau so praktiziert haben.

»So, du Penner«, zischte er mich an. »Jetzt mach ich dich fertig.«

Aber meine Wut war noch längst nicht verraucht. Ich schlug wieder zu. Und wieder. Er taumelte erneut. Mit dieser Art von Gegenwehr hatte er nicht gerechnet. Doch dann wich er einem meiner Schläge aus und stieß mit seiner Flasche dorthin, wo sich mein Hals befand. Ich konnte gerade noch meine Arme hochreißen.

Die Flasche fügte mir eine tiefe Wunde zu. Doch ich spürte nichts. Ich war voller Adrenalin. Ich schlug wieder zu. Er wich zurück, drehte sich um und lief davon.

Ich verfolgte ihn nicht. Als ich sicher war, dass er verschwunden war, stützte ich die Hände auf die Knie und atmete tief durch. Die Anspannung ließ nach. Sie wurde von einem stechenden Schmerz abgelöst. Ich schaute auf den Boden. Alles voller Blut. »Das muss wohl von der Frau sein«, war mein erster Gedanke. Aber die Blutlache vergrößerte sich.

Ich schaute auf meinen Arm und sah, dass noch ein dicker Splitter der Glasflasche darin steckte und die Wunde stark blutete. Ich sank auf die Knie und hielt meinen Unterarm.

Dann muss ich wohl ohnmächtig geworden sein, denn meine Erinnerung setzt erst wieder ein, als ich in einem Krankenwagen lag, umgeben von Sanitätern und zwei meiner Freunde, während wir durch das nächtliche Glasgow rasten.

Der Sanitäter klärte mich auf: »Mein Junge, da hat es dich voll erwischt. Ein ganz tiefer Schnitt. Deine Kumpels haben uns angerufen. Du bist ja ein richtiger Held! Keine Sorge, das bekommen wir wieder hin.«

Meine Kumpels und ich atmeten erleichtert auf. Kurz darauf drehte sich der Fahrer des Krankenwagens zu uns um und sagte: »Jungs, ihr dürft zur Feier des Tages entscheiden. Soll ich jetzt die Sirene anmachen oder wollt ihr lieber Radio hören.«

Wir sahen uns verdutzt an und ich antwortete: »Wenn wir schon die Wahl haben, dann lieber das Radio.«

»Kein Problem.«

Der Fahrer schaltete das Radio an.

Ein mir wohlbekannter Titel lief auf dem Stadtsender.

Aber … Moment mal, das konnte doch nicht wahr sein! Wir sahen uns alle einen Moment an und brachen kurz darauf in schallendes Gelächter aus.

Es war 0:17 Uhr und aus dem Radio erklang ein Song von Cat Stevens. Ein Lied, gesungen von Rod Stewart. Der Titel lautete: »The First Cut Is the Deepest« – Der erste Schnitt ist der tiefste!

15

ENDE UND ANFANG

Das Lied war eine Form
von Wertschätzung,
wie ich sie noch nie
erhalten hatte.

Eine Narbe am linken Unterarm erinnert mich bis heute an diese Auseinandersetzung im Glasgower Nachtleben. Ich bin schon ein wenig stolz auf sie, denn sie zeigt mir, dass es sich lohnt, anderen zu helfen. Wer weiß, was mit der Frau passiert wäre, wenn ich nicht eingegriffen hätte. Natürlich weiß ich, dass ich mich durch die Aktion in Lebensgefahr gebracht habe, und ich würde niemandem zu einer lebensmüden und leichtsinnigen Aktion raten. Aber helfen kann jeder.

Kurz nachdem die Wunde verheilt war, brach meine letzte Arbeitswoche an. Meine weitere Zukunft stand in den Sternen und damit war ich nicht allein. Sehr viele junge Männer in meinem Alter standen ohne Job da und hatten die Wahl: Entweder sie hängen den lieben langen Tag in Pubs rum oder sie gehen zur schottischen Armee.

Ich entschied mich für die Armee und damit für den harten Weg. Das hatte vor allem zwei Gründe. Der erste war der traurigste: Major war an Altersschwäche gestorben, er war friedlich eingeschlafen und in der ersten Zeit nach seinem Tod war die Einsamkeit wieder da. Da kam mir die Armee gerade recht. Der zweite Grund war meine Abenteuerlust. Trotz aller Lebenshindernisse wohnte in mir immer ein Hang zum Neuen. Ich wollte meine Grenzen erweitern und dafür war die schottische Armee der absolut richtige Platz.

Anfang der Achtzigerjahre ging es nach Edinburgh zur Grundausbildung. Sechs Monate lang ging ich jeden Tag an meine Grenzen und darüber hinaus.

Körperlich war ich in einer katastrophalen Verfassung. Wenig Sport, viel ungesundes und unregelmäßiges Essen hatten dafür gesorgt, dass ich nach dem ersten Trainingslauf über wenige

Kilometer so fertig war, dass ich mich eine halbe Stunde nicht mehr bewegen konnte. Doch ich hatte Glück im Unglück: Meinen Kameraden ging es ähnlich, ich wurde Dritter und das weckte meinen Ehrgeiz. Ich dachte: »Wenn ich so untrainiert schon Dritter werde, dann kann ich auch Erster werden!«

Es dauerte fünf quälend lange Wochen, bis ich zum ersten Mal die sportlichen Wettkämpfe gewann. Und ich ließ mir diesen ersten Platz bis zum letzten Tag meiner Grundausbildung nicht mehr nehmen. Außerdem wurde ich als bester Soldat ausgezeichnet. Auch hier bekam ich echte Anerkennung. Niemand meckerte über meine Klamotten, denn wir trugen ja alle das Gleiche. Der Tag war strukturiert und ich wurde gefordert.

Das tat mir gut. So gut, dass ich mich als Berufssoldat verpflichtete. Ich hatte lukrative Angebote, auch für höhere Aufgaben. Ich hätte die Offizierslaufbahn einschlagen können, aber ich liebäugelte mit einem Einsatz im Ausland.

Ausland – das klang märchenhaft.

Ich bekam das Angebot, mit meinem Regiment, dem »Kings Own Scottish Border«, nach Deutschland zu gehen, und fackelte nicht lange.

Deutschland, Osnabrück – Ich setzte große Hoffnung in den Neustart auf dem Kontinent. Endlich konnte ich meine Vergangenheit hinter mir lassen.

Obwohl ich mich auf das neue Land freute, fiel mir der Abschied von meiner Mutter schwer. Ihr fiel der Abschied ebenfalls schwer, denn es war nicht klar, wann und ob ich überhaupt nach Glasgow zurückkehren würde. Zum Abschied umarmten wir uns. In einer normalen Mutter-Sohn-Beziehung wäre das nicht der Erwähnung wert, aber ich konnte bewusste Umarmungen und

Zärtlichkeiten zwischen meiner Mutter und mir an einer Hand abzählen.

Die Osnabrück-Garnison war in Osnabrück und Münster stationiert. Direkt nach dem Zweiten Weltkrieg war die Garnison der British Forces Army nach Deutschland entsandt worden und bis zu ihrem Abzug am 1. April 2009 war sie eine der größten Einheiten der Army außerhalb Großbritanniens.

ICH SETZTE GROSSE HOFFNUNG IN DEN NEUSTART AUF DEM KONTINENT. ENDLICH KONNTE ICH MEINE VERGANGENHEIT HINTER MIR LASSEN.

Landschaftlich überzeugte mich meine neue Heimat nicht so richtig, aber als mich der Bus vom Militärflughafen in Gütersloh abholte, konnte ich immer noch kaum glauben, dass der kleine Johnny aus Schottland im berühmten Deutschland arbeitete. Aus dem Elend ins Schlaraffenland – so dachte ich.

Meine Kameraden empfahlen mir, so schnell wie möglich zwei Sätze auf Deutsch zu lernen. Das tat ich. Doch auch mit meinen im breitesten schottischen Akzent vorgetragenen Sätzen »Ein Bier bitte« und »Ich liebe dich« konnte ich bei der Osnabrücker Bevölkerung nicht landen. Wir Soldaten waren nicht sonderlich beliebt. Vor einigen Geschäften standen Schilder, die uns den Einlass verwehrten: »No Soldiers allowed« oder »Out of Bounds for Soldiers«.

Ich verstand ziemlich schnell, warum die Leute nicht gut auf uns Soldaten zu sprechen waren. Junge Männer mit viel Freizeit kommen manchmal auf dumme Gedanken. Einige meiner Kameraden bestätigten leider den schlechten Ruf unserer Kompanie. Sie fingen Streitereien an und betranken sich. Verständlicherweise wollten die Menschen sich schützen und hielten sich von den

Soldaten lieber fern. Aber für viele meiner Kameraden lege ich auch heute noch die Hand ins Feuer. Es sind tolle Leute, die ihr Herz am rechten Fleck tragen und mir immer noch viel bedeuten. Die folgende Geschichte zeigt dies.

Zu einer mehrtägigen Übung brachen wir im Februar 1982 ins Osnabrücker Umland auf. Unser Lager befand sich mitten auf einem Feld.

Zu unseren Übungen gehörte es auch, dass wir mitten in der Nacht aufstehen mussten, um den Notfall zu proben. Das Signal zum Rapport konnte jederzeit kommen. Wenn jemand diese Form der Übung verpennte, dann gab es ordentlich Ärger. Das hatte zur Folge, dass wir alle schlecht schliefen, weil niemand ein Signal verpassen wollte.

Am Abend des 20. Februars legte ich mich müde in voller Montur auf mein Feldbett. Nach einem kräftezehrenden Geländelauf war ich völlig fertig. »Hoffentlich gibt es heute keinen Alarm«, konnte ich gerade noch denken, dann war ich schon im Land der Träume.

Scheinbar im nächsten Moment riss mich ein schriller Ton aus dem Schlaf. Der Alarm! Ich rappelte mich hoch und sah mich um. Die Betten der anderen waren leer.

Mist! Ich hatte verpennt! Fluchend suchte ich meine Stiefel und hastete zur Tür. Das würde ordentlich Ärger geben!

Als ich das Zelt verließ, sah ich, dass meine Kameraden in einiger Entfernung um ein Lagerfeuer saßen. Ich lief zu ihnen und wollte gerade zu einer Entschuldigung ansetzen, da drehte sich die komplette Mannschaft zu mir um und sang lauthals:

„Happy Birthday to you! Happy Birthday to you! Happy Birthday, dear John! Happy Birthday to you.»

Es war kurz nach Mitternacht. Der 21. Februar war angebrochen. Mein 21. Geburtstag.

Ich habe in meinem ganzen Leben noch nie ein schieferes Lied gehört als in dieser Nacht mitten auf einem niedersächsischen Feld. Trotzdem war es das allerschönste Geschenk, das ich bis dahin erhalten hatte. Ich stand im Mittelpunkt. Die ganze Mannschaft hatte extra einen Alarm fingiert, um mit mir Geburtstag zu feiern und mich zu überraschen. Das war eine Form von Wertschätzung, wie ich sie noch nie erhalten hatte.

Meine Geburtstage waren bisher tendenziell vergessen worden. Ich kann mich nicht erinnern, als Kind an meinem Geburtstag je beschenkt worden zu sein. Später musste ich meine Mutter an meinen Geburtstag erinnern. Dass jemand von sich aus an mich dachte, haute mich um.

Und so saß ich inmitten meiner Kompanie bis in die Morgenstunden am Feuer. Wir lachten und tranken und rauchten und ich war ein weiteres Mal in meinem Leben glücklich. Einfach glücklich.

Als junger Mann hatte ich natürlich auch großes Interesse am anderen Geschlecht. Flirts und lose Freundschaften gab es einige, aber mit 23 Jahren lernte ich eine hübsche Deutsche kennen, in die ich mich richtig verliebte. Und sie in mich. Wir zogen relativ schnell zusammen, heirateten und bekamen eine wunderbare Tochter.

Mit einem Mal war ich Familienvater, hatte Verantwortung und war auf der einen Seite unheimlich glücklich und auf der anderen heillos überfordert. Die Differenzen zwischen unseren Kulturen waren zu groß und mir fiel es unheimlich schwer, mich in Deutschland vernünftig zu integrieren.

Leider übertrieb ich es in dieser Zeit auch mit dem Alkohol- und Zigarettenkonsum. Ich war stark abhängig vom Tabak und nutzte viele Gelegenheiten, einen über den Durst zu trinken. Die Beziehung zu der scheinbaren Dame meines Herzens bröckelte und zerbrach einige Jahre später. Wir trennten uns, blieben aber freundschaftlich verbunden und ich habe bis heute ein großartiges Verhältnis zu meiner wunderbaren Tochter, Kim.

Trotzdem war diese Trennung eine weitere Niederlage meines Lebens. Ich rauchte und trank noch mehr. Körperlich ging es mir immer schlechter. Schließlich quittierte ich den Dienst in der Army.

Dazu musste ich nach Großbritannien zurückkehren und mir meine Entlassungspapiere aushändigen lassen.

Als ich diese am 5. August 1984 in Colchester, England, in Empfang nahm, stand ich wieder vor dem Nichts. Nach Schottland zurückzukehren war keine wirkliche Option. Ich wollte in Deutschland richtig Fuß fassen.

Also begann ich eine duale Ausbildung zum Papiertechnologen bei der Firma Kämmerer. Ich lebte zurückgezogen und vermied den Kontakt zu anderen Menschen, wo es nur ging. Ich konnte in dieser Zeit niemandem in die Augen schauen, weil ich mich minderwertig fühlte. So zog ich mit gesenktem Kopf durch Osnabrück und hoffte am Morgen, dass der Tag schnell vergehen möge, damit endlich weitere 24 Stunden meines Lebens ein Ende hätten.

> IN DIESER ZEIT HATTE ICH JEGLICHEN GLAUBEN VERLOREN. ICH GLAUBTE WEDER AN GOTT NOCH AN DIE GESELLSCHAFT NOCH AN IRGENDETWAS GUTES IM MENSCHEN.

Zu allem Überfluss ergoss sich in dieser Zeit meine komplette Vergangenheit erneut über meine Seele und drückte mich nieder. Ich litt an starken Depressionen und war suizidgefährdet. Ich fühlte mich als Mensch zweiter Klasse, nicht lebenswert. In dieser Zeit hatte ich jeglichen Glauben verloren. Ich glaubte weder an Gott noch an die Gesellschaft noch an irgendetwas Gutes im Menschen.

Meine Kämpfernatur, mit der ich all die Dinge als Kind gemeistert hatte, fiel in sich zusammen. Ich rauchte zwei Schachteln Zigaretten am Tag, ernährte mich miserabel und versuchte, meine Sorgen im Alkohol zu ertränken.

Und dann kam der Abend, der alles ändern sollte.

Nach einer anstrengenden Spätschicht besorgte ich mir noch eine Packung Zigaretten und Alkohol. In meiner Wohnung setzte ich mich an den Küchentisch, zündete mir eine Zigarette an und schraubte den Verschluss einer Whiskyflasche auf. Mir war kotzübel und ich hatte Magenschmerzen.

MIR WURDE KLAR: ICH, JOHN MCGURK, WAR AM ENDE. WIEDER EINMAL. DIESMAL ABER ENDGÜLTIG.

Mir wurde klar: Ich, John McGurk, war am Ende. Wieder einmal. Aber diesmal endgültig.

Und dieses Ende wollte ich zelebrieren.

Ich trank und rauchte, bis ich mich übergeben musste. Immer und immer wieder. Ich fiel vom Stuhl auf den kalten Linoleumboden.

Die Schmerzen wurden stärker. Mir war alles egal. »Dann sterbe ich eben!«, dachte ich.

Ich robbte von der Küche ins Wohnzimmer. Auch dort befand sich eine Flasche mit Whisky. Ich trank gierig mehrere Schlucke.

Dann musste ich mich wieder übergeben. Diesmal kam Blut mit dem Erbrochenen hoch.

Ich hatte keine Angst.

Mühsam rappelte ich mich auf. Ich starrte auf das Blut. Bilder zuckten durch meinen Kopf. Blut. Mein Zimmer im Kinderheim. Mr Smith. Der Gürtel. Er holte aus. Ich sah mich als kleinen Jungen und fing an zu weinen.

Ich begann mit meinem Ich von damals zu reden und stammelte: »Es tut mir so leid, Johnny. Ich habe es nicht geschafft. Ich habe versagt. Du hast ein besseres Leben verdient, aber ich kann nicht mehr.«

Ich kauerte mich auf dem Wohnzimmerfußboden zusammen und war bereit zu sterben. Erschöpft schlief ich ein.

Und dann träumte ich.

Anders als jemals zuvor. Es war ein realer Traum. Ich träumte den Traum, der mein Leben änderte.

Ich sah mich selbst in meinem Erbrochenen liegen. Mitten in meiner Wohnung. Es wurde hell, ein gleißendes Licht, nicht unangenehm grell, aber so hell, dass es jeden Winkel des Zimmers ausleuchtete.

Eine Frau befand sich mitten im Zimmer. Sie sah mich an. Ich erhob mich. Ich konnte ihr in die Augen sehen, ich schämte mich nicht, sondern hielt ihrem Blick stand. Ich erkannte diese Frau als Maria, die Mutter von Jesus.

Sie sprach zu mir: »John, Gott hat dir ein großes Herz gegeben und er hat Großes mit dir vor.«

Ich kann mich an keine Details ihres Aussehens erinnern, sondern nur an die Güte und Hoffnung in ihren Augen. Und an die Worte, die sie sprach.

Der Traum dauerte nur wenige Augenblicke, aber für mich war es, als würde ein neues Leben beginnen.

Ich erwachte und war allein. Und doch nicht allein. Ich spürte eine göttliche Präsenz, die so erfüllend war, dass mein Lebenswille unwillkürlich zurückkehrte. Seit diesem Moment trage ich eine Hoffnung in mir, die mich bis zum heutigen Tag prägt.

Gleichzeitig trage ich seit diesem Erlebnis auch den Zweifel in mir: Warum hatte ich diesen eindrücklichen Traum? War es Maria? War es ein Engel? War es Einbildung?

Wenn ich darüber nachdenke, komme ich jedes Mal zu der Erkenntnis, dass es egal ist. Es ist egal, was es war, ich werde es nicht beweisen können. Aber es hat mir das Leben gerettet und für mich war es eine Begegnung mit dem lebendigen Gott. Als ich ganz unten war, kam er in mein Leben, um mich zu retten.

> **FÜR MICH WAR ES EINE BEGEGNUNG MIT DEM LEBENDIGEN GOTT. ALS ICH GANZ UNTEN WAR, KAM ER IN MEIN LEBEN, UM MICH ZU RETTEN.**

Oder besser gesagt: Er erinnerte mich daran, dass ich noch zu retten war, denn die Schmerzen waren nicht weg. Ich hatte aber die Kraft, ins Krankenhaus zu fahren und mich untersuchen zu lassen. Das Ergebnis dieser Untersuchung überraschte mich wenig: Verdacht auf Magenkrebs. Bei meinem Lebensstil war es nur eine Frage der Zeit, bis mein Körper schlappmachte.

Am Ende stellte sich heraus, dass ein gutartiger Tumor geplatzt war. Ich wurde behandelt und wurde gesund, doch der Arzt warnte mich: »Wenn Sie jetzt nicht Ihren Lebensstil komplett umstellen, dann ist es nur eine Frage der Zeit, bis Sie sterben.«

An dieser Diagnose prüfte ich das übernatürliche Erlebnis in meiner Wohnung. Wenn es wirklich Gott war, der mir ein großes Herz gegeben hatte und der Großes mit mir vorhatte, dann musste das Auswirkungen haben. Religion und Glaube müssen sich an der Realität messen lassen. Meinen Teil wollte ich gern dazu beitragen.

Ich bin bis heute nicht der Typ, der jeden Sonntag in die Kirche geht, stundenlang in der Bibel liest oder viele Gebete spricht. Ich lebe meinen Glauben an den lebendigen Gott in meiner eigenen Weise. Das kommt einigen Menschen befremdlich vor.

Ich verurteile niemanden, der Glauben und eine Beziehung zu Gott anders definiert als ich. Aber ich glaube, dass der persönliche Glaube ganz viel mit der eigenen Biografie zu tun hat und sich ganz individuell äußert. Durch meine Erlebnisse habe ich einen völlig anderen Zugang zu dem Thema Spiritualität als viele andere.

Zwei Dinge verbinden mich jedoch mit allen anderen Christen dieser Welt:

Ich glaube ganz gewiss, dass Gott diese Welt in seiner Hand hält. Ich vertraue zutiefst darauf, dass er es ist, der uns geschaffen hat, und dass er uns liebt. Bedingungslos.

Und ich glaube, dass wir alles daransetzen müssen, diese Welt zu einem Ort der Liebe zu machen, jeder nach seinen Gaben. Nur reden bringt überhaupt nichts. Wir müssen aktiv werden. Was Gott mir aufs Herz gelegt hat, ist: denen zu helfen, die sich selbst nicht helfen können. Den Unterdrückten, den Armen, den Kindern. Wenn ich die Bibel lese, ist das ein wichtiger Teil des Evangeliums und der ganzen Geschichte zwischen Gott und Mensch.

Und damit habe ich nach diesem Erlebnis begonnen. Erst einmal wurde ich aktiv, indem ich mein Leben in den Griff bekam. Es waren nämlich nicht nur meine Mitmenschen, denen ich nicht in die Augen sehen konnte. Ich war auch nicht in der Lage, mir selbst in die Augen zu schauen. Ich hatte mich nicht selbst angenommen. Und das musste ich tun, bevor ich anderen Menschen helfen konnte.

16

LIEBESGLÜCK UND STARTSCHWIERIGKEITEN

»Lieber Vater, ich bin ein bescheidener Mann, aber ich schwöre dir, solange ich lebe, möchte ich mein Leben für eine gute Sache einsetzen.«

Ich kündigte meine Wohnung und zog von Osnabrück ins direkt angrenzende Lotte. Bekannt ist diese kleine Gemeinde im Tecklenburger Land vor allem durch das Autobahnkreuz Lotte/Osnabrück und den ambitionierten Fußballverein Sportfreunde Lotte.

Fußball ist in meiner Ecke sowieso ein richtig großes Thema und diese Fußballaffinität hat mir einmal einen wunderbaren Nebenjob beschert. Als ich durch meine Benefiztätigkeiten schon etwas bekannter in Lotte war, bekam ich eines Tages eine überraschende Anfrage.

»John, hast du mal Zeit?«, fragte ein Verantwortlicher der Stadt am Telefon. »Ein schottischer Fußballverein hat sich zum Trainingslager angekündigt und wir brauchen einen erfahrenen Übersetzer.«

Ich sagte zu, bevor ich überhaupt wusste, welcher Verein es war. Ich rechnete mit einem Jugendteam oder einer unterklassigen Mannschaft, die eine Mannschaftsfahrt als Trainingslager tarnte, um Deutschland kennenzulernen. Aber da hatte ich mich mächtig getäuscht. Der schottische Kultklub »Glasgow Rangers« war zu Gast in der Stadt! Ihr Trainingslager befand sich auf dem Gelände des SV Lotte und bei Pressegesprächen durfte ich den Trainer Ally McCoist und seine Jungs übersetzen. Ich bin zwar Celtic-Sympathisant, ließ mir die Chance aber natürlich trotzdem nicht entgehen.

Der Trainer und ehemalige Weltklassespieler McCoist ist als toller Typ mit typisch schottischem Humor bekannt und genau so habe ich ihn auch kennengelernt.

Als er erfuhr, dass ich Langstreckenläufer bin, sagte er: »Für langes Laufen habe ich nicht viel übrig.« Ich war überrascht, denn Fußball ist doch ziemlich laufintensiv. Mit einem Grinsen fügte er hinzu: »Ich habe früher immer meine Teamkollegen und vor allem den Ball für mich laufen lassen.«

Ein cooler Typ. Eine schöne Begegnung.

In Sachen deutscher Fußball schlägt mein Herz für einen Klub einige Kilometer weiter westlich, nämlich für den VfL Osnabrück. Im Jahr 2019 sind die Jungs wieder einmal in die zweite Fußballbundesliga aufgestiegen und ich hoffe sehr, dass sie sich dort eine Weile halten.

Die Mannschaft in Lila-Weiß hat das Image einer Kämpfertruppe. Egal welche Spieler gerade die Trikots tragen und welcher Trainer gerade auf der Bank sitzt (kurzes Fußballfachwissen angewandt: Wussten Sie, dass unter anderem der Jahrhunderttrainer Udo Lattek oder der erste Nationalspieler mit afroamerikanischen Wurzeln Erwin Kostedde in Diensten des VfL Osnabrück standen?) – der VfL steht für vollen Einsatz und vor allem dafür, nach einer Niederlage wieder aufzustehen.

Das gefällt mir, damit kann ich mich identifizieren. Außerdem habe ich mit dem Traditionsverein und seinem Präsidenten Manfred Hülsmann enge Verbündete, die mein heutiges Engagement in unnachahmlicher Art und Weise unterstützen.

Nach Lotte zu ziehen, erwies sich im Nachhinein als goldrichtig. Das konnte ich damals jedoch noch nicht wissen, die Entscheidung war rein pragmatisch. Ein räumlicher Wechsel war wichtig für mich, denn ich wollte mein altes Leben wirklich zurücklassen. Da ich kein Geld hatte, um in die weite Welt zu reisen, und mir außerdem mein Job wichtig war, zog ich eben nach nebenan. Nach Lotte.

Es fühlte sich wieder einmal nach einem richtigen Neuanfang an, auch wenn ich diesmal keinen Flug hinter mich bringen musste, sondern nur eine kurze Autofahrt.

Die Erinnerung an den Traum hatte sich in mein Herz gebrannt und jetzt ging es darum, zu beweisen, dass ich mein Leben ändern wollte. Aber wie genau? Ich hatte zwar einen Job, aber immer noch jede Menge freie Zeit und viele Möglichkeiten, Alkohol zu trinken. Außerdem gab es niemanden, der außer mir von meinem Traum wusste. Ich musste niemandem Rechenschaft ablegen. Es gab keinen, der mich kontrollierte oder unterstützte. Ich war auf mich allein gestellt.

UNTER NORMALEN UMSTÄNDEN HÄTTE ICH WOHL SCHON EINE WOCHE SPÄTER WIEDER ANGEFANGEN ZU TRINKEN. ABER ICH BRAUCHTE PLÖTZLICH KEINEN ALKOHOL MEHR. ES WAR EIN WUNDER.

Unter normalen Umständen hätte ich wohl schon eine Woche später wieder angefangen zu trinken und mich gehen zu lassen. Aber es waren keine normalen Umstände. Ich brauchte plötzlich keinen Alkohol mehr, ich musste mich nicht mehr betäuben. Es war ein Wunder. Ich spürte keinerlei Abhängigkeit mehr.

In Lotte fühlte ich mich sofort wohl. Ich organisierte mein Leben selbst, achtete auf meine Ernährung und verordnete mir einen geregelten Tagesablauf, zu dem auch Spaziergänge gehörten. Ich legte fast jeden Tag die gleiche Strecke zurück. An der frischen Luft konnte ich gut nachdenken.

Es vergingen Wochen und Monate, aber diese Routine gab mir Sicherheit. Ich dachte immer wieder über den Satz aus meinem Traum nach: »John, Gott hat dir ein großes Herz gegeben und er hat Großes mit dir vor.«

Was bedeutete das für mein Leben? Körperlich ging es mir etwas besser. Die Behandlung schlug an. Ich rauchte zwar noch, aber ich trank viel weniger.

In dieser Findungsphase lernte ich mich von einer völlig neuen Seite kennen, war ich doch zeit meines Lebens immer auf der Flucht, immer auf dem Sprung gewesen. Aus gutem Grund vermutete ich lange hinter jeder Ecke eine Gefahr und konnte es schwer aushalten, auch mal auszuruhen und zu warten. Diese Rastlosigkeit verschwand allmählich.

FÜR MEIN NEUES LEBEN WAR ICH NICHT ALLEIN VERANTWORTLICH. GOTT WÜRDE MICH BEGLEITEN UND NUR ER HATTE IN DER HAND, WANN MEINE GROSSE AUFGABE BEGINNEN UND WIE SIE AUSSEHEN WÜRDE.

Ich lernte, es geduldig angehen zu lassen, auch mal abzuwarten und zu akzeptieren, dass es manchmal Zeit braucht, bevor etwas Neues beginnt, was auch immer das sein wird. Ich bekam eine übernatürliche Ruhe geschenkt, die ich nur mit einer göttlichen Gabe erklären kann. Ich fühlte mich nicht mehr allein. Für mein neues Leben war ich nicht allein verantwortlich. Gott würde mich begleiten und nur er hatte in der Hand, wann meine große Aufgabe beginnen und wie sie aussehen würde.

Doch bevor mich Gott in dieser Hinsicht in seine Pläne einweihte und es mit meiner Berufung weiterging, wurde ich erst einmal anderweitig überrascht.

Auf meinen ausgiebigen Spaziergängen fiel mir eines Tages eine attraktive Frau auf. Sie hatte blonde Haare, ein wunderbares Lächeln und eine bezaubernde Ausstrahlung. Ich sah sie wieder. Und wieder. Immer öfter drehten sich meine Gedanken um diese Frau und ich hoffte an jedem Tag, dass sich unsere Wege wieder kreuzen würden.

Irgendwann fasste ich mir ein Herz und sprach sie an. Als sich herausstellte, dass wir am gleichen Tag Geburtstag hatten, wusste ich: Das wird einmal meine Frau. Für ein Schotten ist ein gemeinsames Geburtsdatum viel mehr als nur ein netter Zufall, es ist fast so etwas wie ein Zeichen.

Katja war nicht ganz so schnell wie ich überzeugt, ließ sich aber zu einem gemeinsamen Essen überreden und so lernte ich sie näher kennen. Nicht nur der Geburtstag entpuppte sich als Gemeinsamkeit. Es funkte heftig, wir verliebten uns und wurden ein Paar. Am 18.12.1990 wurde unser Sohn Nico geboren, am 31.07.1992 heirateten wir und am 12.09.1993 erblickte unsere Tochter Mandy das Licht der Welt.

Ich war überglücklich, dass ich noch einmal die Chance bekam, eine Familie zu gründen. Mittlerweile bin ich Großvater und trotzdem ist es für mich manchmal noch unbegreiflich, dass ich so einen Segen erleben darf.

Ich bin Gott dankbar, dass er mich zu einem Vater gemacht hat, der seinen Kindern Liebe schenken konnte und kann. Und ich bin ihm dankbar, dass ich eine wunderbare Beziehung mit einer so großartigen Frau führen darf.

Ich habe nie erlebt, wie es ist, einen Vater zu haben, und hatte großen Respekt vor der Aufgabe, eine Familie zu gründen. Ich habe auch nie gelernt, wie man eine respektvolle Ehe führt. Voller Scham habe ich Katja bereits vor unserer Hochzeit von meinen schlimmen Erlebnissen aus meiner Kindheit erzählt.

Nächtelang hat sie mir einfach zugehört, meine Hand gehalten, mit mir geweint und mir die Sicherheit und das Selbstvertrauen gegeben, dass wir das mit unserer Beziehung gemeinsam hinbekommen würden. Und es funktionierte und funktioniert noch heute.

Bestimmt habe ich als Vater nicht alles richtig gemacht und vielleicht stand mir meine Vergangenheit in Sachen Familie auch so manches Mal im Weg, aber meine Familie erinnert mich immer wieder daran, dass sich scheinbar aussichtslose Biografien in Hoffnungsgeschichten verwandeln können.

»Gott hat Großes mit dir vor« – Allein durch meine Familie bin ich mit etwas so Großem beschenkt worden, dass ich nach menschlichem Ermessen gar nicht mehr viel brauche.

Der Unterschied hätte größer nicht sein können. Vom alleinstehenden Mann, der seine Unsicherheit in Alkohol ertränkte, war ich zu einem glücklichen Familienvater geworden. Wir führten ein beschauliches Familienleben und doch spürte ich, dass mit der Ankündigung im Traum noch etwas anderes gemeint sein musste. Ich sprach viel mit Katja über die Auswirkungen dieses Traums und betete oft zu Gott. Ich fühlte mich durch meinen Lebenswandel von ihm beschenkt und wusste, dass ich ihm etwas zurückgeben würde, indem ich anderen Menschen half. Menschen, denen das Leben ähnlich übel mitgespielt hatte wie mir. Menschen, die im sozialen Abseits stehen und Hilfe von außen benötigen, um wenigstens den Hauch einer Chance auf ein normales Leben zu bekommen.

Es war immer ein kurzes Gebet, das sehr hoffnungsvoll begann: »Lieber Vater, ich bin ein bescheidener Mann, aber ich schwöre dir, solange ich lebe, möchte ich mein Leben für eine gute Sache einsetzen.« Anschließend fasste ich meine Unsicherheit in Worte: »Aber ich habe überhaupt keine Ahnung, wie das aussehen soll. Da musst du mir schon ein wenig unter die Arme greifen.«

Meine Geduld wurde ordentlich auf die Probe gestellt, aber dieses Gebet wurde mein Halt, denn ich konnte ja nichts anderes tun als abwarten. Gott musste mir schon einen Hinweis geben. Und das tat er. Nach einer Gebetszeit hörte ich eine innere Stimme, die zu mir sprach: »John, Gott hat dir ein starkes Herz gegeben, nutze deinen Körper. Mach dich fit! Denn Gott hat Großes mit dir vor.«

Diese Eingebung hatte einiges von dem berühmten englischen Humor, denn ich war alles andere als fit. Meine Krankheit hatte deutliche Spuren hinterlassen und Sport war so ziemlich das Letzte, zu dem ich Lust hatte. Und doch probierte ich es aus.

Ich fing an zu laufen. Von einem Tag auf den anderen.

Meinen ersten Trainingslauf werde ich nie vergessen. Ich wollte langsam beginnen. Einfach schnell mal von meiner Wohnung zum Kanal. »Easy«, dachte ich und wurde sehr schnell eines Besseren belehrt. Easy war gar nichts. Die Strecke umfasste circa drei Kilometer. Ich, völlig untrainiert, war nach fünfhundert Metern so fertig, dass ich mich übergeben musste. Insgesamt dreimal musste ich so einen unfreiwilligen Zwischenstopp einlegen.

Wieder zu Hause, war ich fix und fertig. Und ich spürte: Das wird schwer, aber das ist es! Das ist meine Möglichkeit, fit zu werden. Das ist meine Möglichkeit, mich zu engagieren. Plötzlich wurde mir klar: Ich brauche gar nicht viel, um anderen Menschen zu helfen. Ich werde einfach laufen. Der Weg wurde nicht von mir, sondern von Gott gelegt. Ich wollte den Weg gehen, komme, was wolle. Einfach durchhalten. Und das tat ich.

Ich blieb dran. Mein zweiter Trainingslauf war schon um einiges weniger von Unterbrechungen gekennzeichnet. Ich steigerte die Distanz und ich lief und lief und lief.

Laufen, einfach nur laufen – eine einfache, aber effektive Idee. Es war eine ziemlich naive Idee, aber das war mir egal. Ich trainierte wie ein Besessener. Ohne ausgeklügelten Trainingsplan, sondern frei nach Schnauze. Ich meldete mich bei Wettkämpfen an, um zu testen, wie gut ich mithalten konnte. Meinen ersten Marathon lief ich ohne das nötige Training. Es war der Sauerlandmarathon – eine wunderbare Aussicht, eine tolle Strecke. Aber ich bekam von alldem überhaupt nichts mit.

PLÖTZLICH WURDE MIR KLAR: ICH BRAUCHE GAR NICHT VIEL, UM ANDEREN MENSCHEN ZU HELFEN. ICH WERDE EINFACH LAUFEN.

Ich kam zwar ins Ziel, würde aber niemandem raten, es jemals so zu machen wie ich. Nur mein Wille und die Gewissheit, dass ich das nicht für mich, sondern für ein höheres Ziel durchstand, ließen mich ankommen. Nach dem Lauf wusste ich nicht mehr, wo oben und unten war. Mir tat alles weh. Aber mit dieser Leistung hatte ich es mir wieder einmal bewiesen: Ich bin ein Kämpfer!

Und: Ich laufe für den guten Zweck.

Ich wurde Mitglied bei UNICEF, der großen Kinderhilfsorganisation, um Kontakte zu Menschen zu bekommen, die bedürftigen Menschen helfen wollten. Parallel versuchte ich, Sponsoren zu finden, die mich und meine Idee unterstützen. Dafür fragte ich bei großen und kleinen Unternehmen in Lotte und Osnabrück an.

Meine Idee war ganz einfach: Ich würde an einem Wettkampf teilnehmen und die Firma würde mich mit einem bestimmten Betrag pro Kilometer oder Runde unterstützen. Diesen Betrag würde ich dann einer Kinderhilfsorganisation spenden. Eine

Win-win-Situation. Die Firma oder das Unternehmen käme mit einer Sponsoringaktion in die Presse und ich konnte armen Kindern helfen. So dachte ich zumindest.

Doch in den ersten Jahren gab es nur ganz wenige Unterstützer für mein Engagement. Ich holte mir unendlich viele Absagen und das nagte an meinem Selbstbewusstsein. Bei aller Motivation und Hoffnung, die ich nach wie vor hatte und die auch durch kleine Erfolgserlebnisse genährt wurden – so richtig zufrieden war ich mit der Entwicklung meiner Laufkarriere nicht. Sollte das alles gewesen sein?

Mit jeder Woche, in der nichts passierte, sank meine Motivation. Es war ja nicht so, dass ich nicht wollte und mich nicht bemühte. Das tat ich! Aber es hagelte weiterhin Absagen. Meine Frustration stieg.

Eines Tages lud mich ein Freund nach Frankfurt ein. Ich sollte in einer Firma einen Vortrag halten. Das mache ich immer wieder und sehr gern, egal in welchem Setting. Es ist meine Passion und ich möchte dadurch Menschen motivieren, meine Arbeit zu unterstützen.

Dieser Vortrag war einer der ersten. Ich war aufgeregt und setzte sehr große Hoffnungen in dieses Event. Geld bekam ich keines für den Vortrag und auch die Fahrtkosten und Spesen musste ich aus eigener Tasche bezahlen.

In diesem Fall hatte mein Freund aber schon im Vorfeld gesagt, dass die Chefin meine Arbeit sehr schätzen würde und sie mit ziemlicher Sicherheit finanziell unterstützen würde. Daher nahm ich mir einen Tag Urlaub und fuhr mit Katja die lange Strecke bis nach Frankfurt. Kurz bevor wir ankamen, erfuhr ich, dass die Chefin des Unternehmens gar nicht kommen würde. Das trübte meine Stimmung. Die Person, die großes Interesse bekundet hatte, die Entscheiderin, würde wegen eines anderen Termins nicht dabei sein.

Ich hielt meinen Vortrag trotzdem und die Zuhörerinnen und Zuhörer waren begeistert. Ich bekam großartiges Feedback und hinterher sagten viele Mitarbeiter zu mir: »John, wir helfen dir auf jeden Fall« oder »Ich kann es gar nicht abwarten, unserer Chefin von diesem Abend zu erzählen«.

Auf dem Nachhauseweg sprach ich wenig. Ich starrte auf die Fahrbahn und nur das monotone Brummen des Motors war zu hören.

Diese Stille war ungewöhnlich, denn normalerweise bin ich nach gelungenen Abenden gesprächig. Doch diesmal nicht. Nach einiger Zeit fragte Katja, was mit mir los sei.

»Da wird nichts passieren«, antwortete ich bedrückt.

»Wie meinst du das?«

»Niemand wird mich unterstützen.«

»Warum? Es war ein wunderbarer Abend. Die Leute sind begeistert.«

»Es ist so ein Gefühl.«

Danach schwiegen wir wieder. Zu Hause fielen wir in den frühen Morgenstunden hundemüde ins Bett. Wenige Stunden später stand ich auf, schnürte meine Schuhe und lief los. Mein (damals noch täglicher) Trainingslauf half mir regelmäßig, den Kopf freizubekommen oder Dinge zu sortieren.

An diesem Morgen dachte ich über den Vorabend nach. Mein negatives Bauchgefühl war geblieben und mit jedem Schritt wurde mir klarer, warum ich so empfand. Zum ersten Mal spürte ich, dass meine Geschichte vor allem dann wirkt, wenn ich sie erzähle. Es ist immer schwierig, wenn jemand anderes über mich spricht und seine Begeisterung über das zum Ausdruck bringt, was ich tue. So würde es auch in der Frankfurter Firma sein. Die Chefin war nicht da gewesen und ich befürchtete, dass keiner der Mitarbeiterinnen und Mitarbeiter sie mit dem Feuer meiner Geschichte anstecken würde.

Meine Lebensaufgabe ist so untrennbar mit mir und meiner Geschichte verbunden, dass es fast nicht möglich ist, in kurzer Zeit mein Anliegen so rüberzubringen, dass es andere Menschen ansteckt. Vor allem dann, wenn ich selbst nicht anwesend bin.

Damals wurde mir bewusst: Diese enge Verbindung zwischen Person und Sache ist eine Chance und eine Grenze zugleich. Es ist immer spürbar, wie sehr ich für das Thema der Not leidenden Kinder brenne. Das ermutigt viele Menschen, selbst aktiv zu werden oder gemeinsame Sache mit mir zu machen. Es hilft mir und ist eine Gabe.

Aber: Ich muss aufpassen. Denn es ist anstrengend und aufreibend, weil ich immer alles geben muss und schwer delegieren kann. Ich werde immer vorn stehen müssen. Ich werde laufen, reden, Klinken putzen und Ansprechpartner sein. Doch selbst dann ist ein Erfolg nicht garantiert. Das ist eine Grenze.

Diese Erkenntnis machte mich an diesem Morgen nicht unbedingt munterer.

Mein Bauchgefühl bestätigte sich. Niemand aus der Firma unterstützte meine Projekte. Gerade in der Anfangszeit erlebte ich viele solcher Termine, Autofahrten und Abende. Solche Begebenheiten sind nach wie vor nicht meine Lieblingsmomente, aber sie gehören einfach dazu.

Knapp fünfundzwanzig Jahre später muss ich solche Zeiten glücklicherweise nicht mehr so häufig erleben, aber es gibt sie immer mal wieder. Und immer noch bin ich derjenige, der an vorderster Front steht. Ich habe kein Team, das sich meine Geschichte antrainiert hat und mit den gleichen Emotionen Leute begeistert. Manchmal wünsche ich mir das. Aber dann denke ich wieder: »Deine Berufung gilt dir, John! Und es kommt auch nicht auf die Masse an, die du begeisterst. Es geht nach wie vor um die Sache.«

Ich möchte Menschen helfen, die in Not sind. Im Großen und im Kleinen.

Aber mir wurde damals auch klar: Selbst wenn ich immer derjenige bleibe, der vorn steht, ich brauche Mitarbeiter. Meine Frau und ich brauchen Unterstützung. Menschen, die mir nicht den Job abnehmen, aber dafür sorgen, dass ich nicht ausbrenne. Weggefährtinnen und -gefährten, die an meiner Seite sind.

Und ich fand diese Unterstützer.

17

DER KILT WIRD KULT

Ich lernte, die Kunst
der kleinen Schritte zu
würdigen und auszuhalten.
Meter für Meter. Schritt für Schritt.

In dieser Anfangsphase meiner Berufung half ich anderen Menschen auch ganz persönlich. Beim alltäglichen Training traf ich häufig auf bedürftige Menschen. Obdachlosen schenkte ich meine Mütze, meine Handschuhe oder meine Trainingsjacke. Glänzende Augen und ungläubiges Staunen waren oft die Folge. Nur Katja verdrehte das eine oder andere Mal die Augen, wenn ich wieder ohne Mütze oder Jacke vom Trainingslauf nach Hause kam.

Auch an anderer Stelle trugen meine Bemühungen Früchte. Der erste von mir organisierte Benefizlauf fand Ende der Neunzigerjahre statt. Der Papierhersteller Kämmerer war und ist mein Arbeitgeber und einige meiner Kollegen ließen sich für meine Idee begeistern. Ich bildete ein Organisationskomitee und wir bereiteten unser Event akribisch vor.

Und so fand am 21. Juni 1997 auf dem Sportplatz des VFL Büren der »Kämmererlauf« statt. In der Betriebszeitung gab es eine ganze Seite mit Infos und dort war unter der Überschrift »Hilfe für Kinder in Not« vorab Folgendes zu lesen:

Mit der nächsten Lohn- und Gehaltsabrechnung werden wir Informationen verteilen, die deutlich machen, wie Sie sich aktiv als Läufer und vor allem passiv als Sponsor an der Aktion beteiligen können.

In Kürze: Jeder interessierte Läufer trägt sich unter Angabe der Rundenzahl, die er auf dem Sportplatz zurücklegen möchte, in das entsprechende Formular ein.

Weiterhin sucht er sich Kollegen (die sog. Sponsoren), die bereit sind, für jede von ihm zurückgelegte Runde einen bestimmten Betrag zu spenden.

Wir wünschen uns, dass Sie durch rege passive und akti-
ve Teilnahme mit dazu beitragen, dass wir einen möglichst
hohen Betrag auf das Konto der UNICEF überweisen können.

Insgesamt kamen bei diesem Lauf 20 000 DM zusammen. Eine
beachtliche Summe.

Und ich machte weiter. Ich meldete mich zu den verschiedensten Läufen an, akquirierte Sponsoren und lief Meter für Meter erst
D-Mark für D-Mark und ab 2002 dann Euro für Euro zusammen.

Ich lernte, die Kunst der kleinen Schritte zu würdigen und
auszuhalten.

Meter für Meter ...

Kontakt für Kontakt ...

Mein Netzwerk wuchs in kleinen, aber stetigen Schritten und
ich wurde immer bekannter. Einige Jahre nach der Jahrtausend-
wende hatte es sich herumgesprochen, dass ich viele Kilometer
lief, um für Kinder in aller Welt Geld zu sammeln.

Mein Markenzeichen wurde dabei mein Kilt, der knielange
Rock. Ich trug ihn nicht nur bei offiziellen Terminen, sondern
auch bei den Läufen. Er stört nicht beim Wettkampf und hat den
schönen Nebeneffekt, dass man sofort Aufmerksamkeit erzeugt.

Aber für mich ist der Kilt mehr als nur ein Modegag. Er erinnert mich an meine Wurzeln, an meine Heimat und somit auch
an meine Kindheit. Ich trage ihn als Symbol und als Erinnerung
an die fiesen und finsteren Zeiten und als Zeichen dafür, dass ich
meine Vergangenheit nicht verleugnen muss, sondern durch sie
dazu angetrieben werde, Höchstleistungen zu bringen. Immer
und immer wieder.

Der Kilt erinnert mich auch an meine Beziehung zu Gott, denn das erste Gebet, welches ich nach meinen kindlichen Gebeten um Hilfe gesprochen habe, glich eher einer Checkliste:

»Gott«, betete ich, »ab sofort werde ich mich fit machen, Sport treiben, meinen Kilt anziehen und anderen Menschen helfen.«

Punkt. Das war einige Tage nach meinem Traum.

Und dann folgte eine ziemlich konkrete Bitte:

»Gott, ich möchte eines Tages eine Million Deutsche Mark sammeln. Amen.«

Das war meine erste bewusste Kontaktaufnahme zu Gott. Ich habe kein helles Licht gesehen, sondern direkt praktisch gedacht. Und das tue ich immer noch.

> »GOTT, ICH MÖCHTE EINES TAGES EINE MILLION DEUTSCHE MARK SAMMELN. AMEN.«

Taten sind für mich der eigentliche Gottesdienst. Jeder Trainingskilometer wird zum Lobpreis, ohne dass ich eine Melodie auf den Lippen habe.

Jeder Wettkampf ist ein Gebet voller Wertschätzung für den allmächtigen Gott, der mir nicht nur versprochen hat, dass er mir ein starkes Herz schenkt, sondern der mich auch sehen und spüren lässt, dass es so ist.

Jede Begegnung, beim Porsche-Event oder dem roten Teppich ist eine Opfergabe, die ich meinem Herrn bringe.

Diese Art, zu glauben, hat mein Leben verändert, mir mehr mentale Kraft verliehen und meine Sensibilität für Kinder in Not gestärkt. Der Gedanke »Ich gefalle Gott so, wie ich bin« hat sich in meinem Hirn und meinem Herzen festgesetzt und da bekommt ihn auch niemand mehr heraus. Bin ich früher immer mit gesenktem Kopf durch die Welt gelaufen, am liebsten mit einem großen Abstand zu den anderen, so kann ich heute mit erhobenem Haupt vorangehen und mich dabei gut fühlen, gesegnet und in der Gewissheit: Gott ist bei mir!

Ich darf strahlen. Und das bleibt nicht unbemerkt. Bei einer Veranstaltung, auf der auch der damalige Bundespräsident Joachim Gauck zu Gast war, stand ich neben Hunderten von Menschen hinter einer Absperrung. Doch als der Politiker und Pfarrer mich zufällig erblickte, kam er schnurstracks auf mich zu und begrüßte mich. Diese Ausstrahlung ist mir geschenkt worden und nicht auf Europa beschränkt. Während ich in Brasilien in den Armenvierteln zu Gast war, hatten die Kinder keinerlei Berührungsängste, sondern umzingelten mich sofort.

JEDER WETTKAMPF IST EIN GEBET VOLLER WERTSCHÄTZUNG FÜR DEN ALLMÄCHTIGEN GOTT, DER MIR NICHT NUR VERSPROCHEN HAT, DASS ER MIR EIN STARKES HERZ SCHENKT, SONDERN DER MICH AUCH SEHEN UND SPÜREN LÄSST, DASS ES SO IST.

Mit dieser Ausstrahlung habe ich jedoch eine Verantwortung bekommen. Und mit der Zeit merkte ich, dass ich diese Verantwortung nicht länger allein tragen konnte. Ich wurde müde und die Last war immens. Eine Zeit lang drückte sie so schwer auf meine Seele, dass ich vor allem auf meinen Trainingsläufen den Mut verlor. Einmal lehnte ich an einem Baum, stützte die Hände auf die Knie und fühlte mich besonders niedergeschlagen. Ich musste mich regelrecht zwingen, weiterzulaufen.

Gerade als ich wieder loslaufen wollte, merkte ich, dass sich etwas in meinen Haaren verfangen hatte. Ich tastete meinen Kopf ab und zog eine kleine weiße Feder hervor, die zufällig einem

Vogel aus dem Gefieder gefallen sein musste und direkt auf mir gelandet war. Diese kleine Feder reichte aus, um in mir wieder Hoffnung zu wecken und eine gewisse Leichtigkeit zurückzubringen. Dieses kleine Erlebnis motivierte mich, weiterzumachen und die nächsten Schritte zu gehen.

»Die Feder ist mächtiger als das Schwert«, lautet ein Sprichwort, das der englische Schriftsteller Edward Bulwer-Lytton im 17. Jahrhundert geprägt hat. Ich muss seit diesem »Federfall« immer wieder an es denken und übertrage es für mich folgendermaßen: Das Kleine kann eine größere Wirkung entfalten als das Große.

Es sind manchmal die Kleinigkeiten, die eine große Auswirkung haben. Aus dem Kleinen sind viele große und kleine Läufe und Aktionen entstanden, die ich als Einzelperson organisiert und durchgeführt habe. Und irgendwann wurde aus dem einzelnen Läufer ein ganzer Verein.

Ich fing ich an, Menschen aus meinem Umfeld anzufragen, ob sie mit mir diese Verantwortung tragen würden, und am 7. Oktober 2008 gründete ich gemeinsam mit Katja, unseren beiden Kindern und einigen anderen tollen Menschen den Verein »Sportler 4 a childrens world e. V.«

Als wir dreizehn Gründungsmitglieder uns an diesem Abend zum offiziellen Foto aufstellten und uns mit einer Erdkugel fotografieren ließen, war ich erleichtert und glücklich. Ein weiterer Meilenstein war geschafft. Ich fühlte mich körperlich leichter, als ob eine Last von meinen Schultern genommen würde.

Wir waren nun professioneller aufgestellt, konnten Spendenbescheinigungen ausstellen und Aufgaben im Team verteilen. Ich habe seitdem tolle Mitarbeiter, die mich in Bereichen unterstützen, in denen ich keine Ahnung habe. Sie sind mein Back-up und glauben an meine Vision. Und sie haben meine Vision zu ihrer gemacht.

Was für ein Tag! Wir fingen direkt an, das erste große Event unseres Vereins zu planen. Am 27.05.2008 sollte der große Friedenslauf nach Basel starten, eintausend Kilometer von Osnabrück über Gelsenkirchen, Köln, Bonn, Mainz und Straßburg bis in die Schweiz.

28 000 Euro konnten wir am Ende dem »Meshi-Jerusalem«-Rehabilitationszentrum übergeben. Dieses Projekt von »Ein Herz für Kinder« liegt mir sehr am Herzen. Es war ein Erfolg für unseren Verein. Wir

28 000 EURO KONNTEN WIR AM ENDE DEM »MESHI-JERUSALEM«-REHABILITATIONSZENTRUM ÜBERGEBEN.

erhielten viel öffentliche Aufmerksamkeit, aber auch die persönlichen Begegnungen kamen nicht zu kurz.

Pro Jahr planen wir ein großes Projekt, mit dem wir eine konkrete Organisation unterstützen. Es ist vor allem die Gemeinschaft untereinander, die mich bei solchen Läufen und Aktionen erfüllt.

Dass so viele Menschen buchstäblich mit mir unterwegs sind, flasht mich jedes Mal. Und wenn ich dann, nach getaner Arbeit, den verschiedensten Organisationen einen Scheck überreichen kann, bin ich glücklich.

Der Verein verlieh meiner Vision und meinen Träumen eine Struktur. Ein gewisses Maß an strukturiertem Aufbau ist dringend notwendig, wenn man in dieser Welt etwas verändern will. Emotionen, Wille und Entschlossenheit sind eine gute Grundlage, aber ohne den Aufbau von Wissen um die Faktenlage und die eigenen Möglichkeiten kann das schnell verpuffen.

Und so haben wir uns intensiv mit gesellschaftspolitischen Themen auseinandergesetzt. Nicht umsonst haben wir auf der Homepage unseres Vereins in unserem Leitbild die Grundrechte von Kindern aufgelistet.

Wussten Sie, dass Kinder ein Recht haben auf:

- eine gewaltfreie Erziehung
- den Schutz vor Ausbeutung
- Bildung
- Entfaltung der Persönlichkeit
- Schutz der Familie
- staatliche Unterstützung bei Erziehungsproblemen
- Beteiligung bei Entscheidungen, die sie betreffen
- Fürsorge
- Ernährung
- freie Meinungsäußerung
- Schutz vor körperlicher, seelischer oder sexueller Gewalt
- Gesellschaft und Freunde jeder Art
- Schule, Ausbildung und Selbstständigkeit
- Eigentum
- Freiheit

Allein wenn ich diese Aufzählung lese, kommen mir die Tränen. Tränen der Wut und der Freude. Wut, weil ich weiß, wie sehr diese Rechte auf aller Welt mit Füßen getreten werden. Und Freude, weil ich weiß, dass allein durch unseren Verein viele Füße durch Benefizläufe dazu beitragen, dass diese Rechte eingehalten werden. Und mittendrin laufe ich.

Als stolzer und gesegneter Schotte mit einem Kilt.

18

TREUE WEG-GEFÄHRTINNEN UND WEG-GEFÄHRTEN

Viel zu selten werden Menschen in einem positiven Zusammenhang erwähnt.

Während dieses Kapitel entstand, erreichte mich eine sehr traurige Nachricht, die mich dazu brachte, es noch einmal zu überarbeiten.

»Rudi Assauer ist tot«, so titelten viele Medien am 06.02.2019. Auf der Homepage der Süddeutschen Zeitung ist zu lesen: »Der ehemalige Manager und Fußballer ist im Alter von 74 Jahren nach langer Alzheimerkrankheit gestorben. Sein Name wird untrennbar mit dem FC Schalke 04 verbunden bleiben.«[4]

Sein Name ist außerdem untrennbar mit meinem Verein »Sportler 4 a childrens world« verbunden. »Stumpen-Rudi« und ich sind uns oft begegnet und immer haben wir uns wunderbar verstanden.

Seit 2011 war er unser Ehrenpräsident und hat für uns seine Kontakte spielen lassen. Aber nicht vom bequemen Wohnzimmersessel aus, sondern er hat unsere Events besucht und seine ganze Person dafür eingesetzt. Mit ihm und seiner Tochter Bettina entstand eine richtige Freundschaft. Ich habe mit dem ehemaligen Schalke-Manager so einige Zigarren geraucht und er hat meinen schottischen Humor nicht nur verstanden, sondern sogar noch getoppt.

Bei einem Benefizlauf hat er sich mit einer lauten Treibgashupe an den Rand der Laufbahn im Stadion gestellt und hatte einen riesigen Spaß dabei, die Läuferinnen und Läufer durch lautes Hupen zu erschrecken.

»Typen erkennen Typen« – dieser Spruch hat sich so manches Mal in meinem Leben bewahrheitet. Ich hatte und habe das Glück, immer wieder auf echte Typen (und Typinnen natürlich auch) mit Herz zu treffen, die mein Anliegen teilen und mich nach ihren Kräften unterstützen. Rudi war so ein Typ und ich bin dankbar, dass wir miteinander unterwegs waren. Er wird immer unser Präsident der Herzen bleiben.

Ich weiß nicht, ob es den Verein noch oder überhaupt geben würde, wenn meine Mitstreiterinnen und Mitstreiter nicht mit mir unterwegs wären. Das beginnt in allererster Linie mit meiner Familie. Meine Frau Katja ist meine Managerin, Organisatorin, Mentorin und Motivatorin. Unsere beiden Kinder Mandy und Nico gehören natürlich auch dazu. Sie mussten ziemlich oft auf ihren Vater verzichten beziehungsweise mich zu unendlich vielen Events begleiten. Auch sie haben meine Geschichte ausgehalten und tragen in ihrer unnachahmlichen Art dazu bei, dass ich das Leben führen kann, das ich jetzt führe.

ICH HABE ERFAHREN, WELCHE NEGATIVE MACHT ES HAT, WENN ÜBER DEM LEBEN VON MENSCHEN NICHTS GUTES UND POSITIVES AUSGESPROCHEN WIRD.

Es ist ein echter Segen, solche Kinder zu haben. Ich kann das gar nicht oft genug betonen, denn ich habe erfahren, welche negative Macht es hat, wenn Menschen nicht gelobt werden, wenn über ihrem Leben nichts Gutes und Positives ausgesprochen wird. Ich habe es am eigenen Leib und an meiner Seele erfahren, wie sehr ein Mensch nach Anerkennung und ehrlich gemeinter Wertschätzung dürstet, dass ich vor allem die Menschen, die mir am meisten bedeuten, gar nicht oft genug loben kann. Wenn man den Namen von Menschen wohlwollend ausspricht oder in einem anerkennenden Kontext aufschreibt und erwähnt, dann passiert etwas in ihnen. Wie oft habe ich in meinem Leben meinen Namen mit einem negativen, genervten und abweisenden Unterton gehört – unzählige Male. Viel zu selten werden Menschen in einem positiven Zusammenhang erwähnt!

Deshalb nehme ich es mir einfach heraus, an dieser Stelle alle Menschen zu nennen, mit denen ich unterwegs war und bin und denen ich eine Menge zu verdanken habe. Und weil ich kein Typ für die Kurzstrecke bin und als Langstreckenläufer so einige Erfahrungen habe, gehe ich über die lange Distanz.

Falls Sie als Leser diesen Wertschätzungsnamensmarathon überspringen möchten – kein Problem! Das sei Ihnen gegönnt. Aber für all die Menschen, die an meiner Seite laufen, gehen oder zuhören, hoffe ich auf Ihr Verständnis. Also, los geht's:

Ich bedanke mich von Herzen für die großartige Unterstützung bei:

A Lena Ahrens; Alexanderschule Wallenhorst; Bernd Altenkirch; Claudia Amier; »Die Arche« – christliches Kinder- und Jugendwerk e. V; Rudi Assauer †; Conny und Dirk Aßmann; Erdogan Atalay; Helen Axnick

B Bäckerei Brinkhege GmbH & Co. KG; Mike Bade; Michael Barlag; Dr. Peter Basnik; Gudrun Bauer; Bauunternehmen Echterhoff GmbH & Co. KG; Winfried Beckmann; Klaus J. Behrendt; Heike und Patrick Beitz; Nicole Beitz; BERESA GmbH & Co. KG; Osnabrück; Horst Bierbaum; BILD hilft e. V. »Ein Herz für Kinder«; Bistum Osnabrück Bischöfliches Generalvikariat Don Bosco Kinderheim; Jeda Blumen; Jan Bodenbach; Britta Brack;

Heike Brinkhege; Ansgar Brinkmann; Michael Brinkmann; Meike und Thorsten Brockmeyer; Kay Bsdyrek; Bernd Buchwald; Dunja Budde; Torsten Buddenbohm; Wolfgang Büscher; Andreas Busemann

C Cafu; Andrea und Tony Casas; Julio Casas; Pedro Cebulka; Children 1st (Scotland's National Children's Charity); Clean Fotostudio GmbH; Aktion »Coole Sache«; Ken Cunningham; Annika und Kai Czichowski; Kerstin, Marcel, Yasmin und Mirco Czichowski

D Christopher »Matz« Davis; Deutsches Komitee für UNICEF e. V.; Christoph Dittmar; Conny Dittmar; Heike Drogies; Hans-Werner Durau

E Jutta Echterhoff-Beeke; Markus Ehrlich; »Eine Zukunft für Kinder« (Stiftung); El Hidalgo; Gunilla und Joe Enochs; »Eulenspiegel« – Osnabrücker Monats- und Szenezeitung; Peter Etzbach

F fdu GmbH & Co. KG; Bernhard Fischer; Aktion »Fit für den Ball«; »Flügel Für Die Zukunft« – die 1. Childrens Charity Gala in Osnabrück; Flughafen Münster Osnabrück International Airport; Kim Friedrichs; Bernd Frohne; Heike und Marko Frohne

G Sandra und Dimitrios Gagas; Lothar Gans; Ralf Geisenhanslüke; Thomas Gerdiken; Gesundheitszentrum Schwabe / Westphal, Westerkappeln; Linda Gimmona; Vincent Gimmona; GiroLive Panthers Osnabrück; Wilhelm Goldbeck; Mark Grace; Thomas Graß-Stüve; Jörg Greiwe; Saverio Grieco; Wolfgang Griesert; Carsten Groß; Rahim Groß; Große Kracht GmbH & Co. KG; Judith Grosse-Lümern; Yvonne und Frank Großmann

H Tanya und Marco Häder; Steffi Hahn; Guido Hartstang; Reimund Hawighorst; HC Inno Tech GmbH; Andrés Heinemann; Norbert Heisterkamp; Thomas Helbig; Michael Helweg; Udo Hennig; Janine und Thorsten Heydt; Reinhard Höfelmeyer; Günter Hoffmann; Dr. Ute Hohage; Ursula Holtgrewe; Detlef Hörnschemeyer; Hilde und Werner Hörnschemeyer; Norbert Hörnschemeyer; Werner Hörnschemeyer; Zemira und Helmut Hörnschemeyer; Hotel Haus Hansa; Michael Hull; Patsy Hull; Manfred Hülsmann

I ICMI – Inverlochy Castle Management International; IG BCE – Ortsgruppe Osnabrück West; InnoGreen Deutschland GmbH; »Insider« – Osnabrücker Monats- und Szenezeitung

J Melika und Swen Jahari; Anne und Peter Jahns; Lena Jahns; Thorsten Jahns; Petra Jeda; Lisa Josef; Claudia Junnemann

K Elisa Kählich; KÄMMERER Spezialpapiere GmbH | KÄMMERER Paper GmbH; KÄMMERER Energie GmbH; Oliver Kampmeyer; Hans-Bernd Kamps; Susi und Ingo Kantorek; Dr. Michael Karsch; Bianca und Ullrich Kasselmann; Susanne Kathmann; Olaf Keller; Joey Kelly; Sabina und Peter Kemme; KiKxxl GmbH; Kirchenbote des Bistums Osnabrück; Klöckner & Partner; Hans Jürgen Klumpe; Wolfgang Knop; Rainer Knopp; Alexandra Knystock; Nico Knystock; Katrin Koch; Gerd Kock; Elin Kolev; Lars Koopmann; Stephanie Koopmann; Gertrud, Detlef, Tim und Sven Kösters; Sebastian und Andrea Kotte; Klaus Kreiling; Andreas Kremer; Axel Kreutzer; Carsten Kühl; Marc und Günther Kuhlmann; Heiko Kühne; Jens Kühne; Andrea und Gerd Küthe

L L & T Lengermann + Trieschmann GmbH & Co. KG; Jo-Achim Lägel; Dr. Marc Lammek; Rainer Lammers; Clemens Lammerskitten; Stephan Lanwert; Udo und Tim Lewandowsky; Amly Lieder; Norbert Lieder; Carsten Lingemann; Lions Club (LC) Bersenbrücker Land; Lions Club Osnabrück; Lions Club Osnabrück Friedensreiter; Antonios Lipka; Lord Provost of Glasgow; Tegla Loroupe; Jimmy Love; Birgit Ludwig-Trienen; Anja Lünsmann;

Wolfgang Lüttschwager; Sandra Lüttschwager; Matthias Lüttschwager

M David Mason; Dorit und Reiner Mattern; Ronald Maul; David McAllister; Katja, Nico, Mandy und Christina McGurk; Addy-Waku Menga; Andreas Merse; Meshi Children's Rehabilitation Center; Jerusalem; Jörg Michaelis; Bettina Michels; Philip Mohs; motioncheck Orthopädie-Schuhtechnik Stefan Woltring; Oliver Müller

N Nettebad der Stadtwerke Osnabrück AG; Neue Osnabrücker Zeitung; Silke und Markus Nichting; Ulla Niehoff-Büscher; Fritz George Niendieker & Ulrich Heinz; Lukas Nörung; Sascha Nova-Weber; Martin Novak; Andreas Nußgen

O Jürgen Oeß; Kai Ogiermann; OS-Radio; Erehan Osmanli; Osnabrücker Nachrichten; Raffaela Ottaiano

P Annalena Pabst; Dennis Palmen; Nicole Palmen-Jahns; Detlef Pante; Karl-Heinz Pawlizki; Stephan Pietzner; Pillashop KG; Boris Pistorius; Kim, Matthäus, Emma, Jana-Mary, Miguel und Maurice Ploch; Lukas Podolski; Porsche Zentrum Osnabrück; porta Möbel GmbH & Co. KG; Project 1 Motorsport GmbH; Claudia Putzik

R radio ffn; Radio Osnabrück; Gabi und Uli Rath; Mark Rauschen; Thomas Reichenberger; Reise-Treff Ludwig GmbH; Hendrik Remme; RENO Schuh GmbH; Conny Repkewitz; Sascha Riepenhoff; Julia Riethmüller; Marita Ritter; Fritz Röhrig; Rolf Lasertechnik GmbH & Co. KG; Jonas Rosenfeld; Rita und Jürgen Rosenfeld; Edgar Röwenkamp; Thomas Ruff

S Sansibar Sylt; Kai Saris; Carmen Schade; Shanna's Tattoo Art; Dagmar und Udo Schick; Jutta Schlochtermeyer; Andreas Schmeding; Daniel Schneider; Phil Schomäker; Oliver Schulte; Volker Schwabe; Prof. Dr. Rainer Schwarz; Alfons Schwegmann; Daniela Schwerdt; Horst Sciborski; SCM Verlag; Bernd Siggelkow; Dirk Simon; Leslie Slocum; Sandra Small; Sabine Söldner; SOS-Kinderdörfer weltweit; Tim und Tina Spelsberg; Spiekermann & CO AG; Sportler 4 a childrens world e.V.; Stahlwerk Stiftung Georgsmarienhütte; Michael Starke; Stavermann GmbH; Liz Steele; Michael Steins; Katja Stolte; Rike und Bastian Stöppler; Prof. Gerd Stöwer; Linda und Walter Stracke

T team4media GmbH; Jan Tekbas; Tarik Tekbas; Tom Tenk; Terre des hommes Deutschland e.V.; Bastian Thiebach; Beate Thieke; Dr. Thomas Thiele; Carsten Thye; Stefanie und Olaf Tieben; Alison Todd; tolimit GmbH

U Uli's Läufershop; Liv Ullmann; Unikate e.V.; United Kiltrunners e.V.

V Jean-Claude Van Damme; VfL Osnabrück; Klaus-Vogel / The Duke of Edinburgh Award Germany; Volksbank eG Bad Laer-Borgloh-Hilter-Melle; Volkswagen AG; Axel Voss

W Markus Wallenhorst; Detmar Wasmund; Matthias »Matze« Wellbrock; Bianca und Hardy Welte; Stefan Wessels; Roland Willaert; Dr. Bodo Wilm; Dr. Werner Wilm; »Wir für Wallenhorst« – Marketing e.V.; Wir starten gleich! gGmbH; Stefan Woltring; World Vision Deutschland e.V.; Gregor Wöstmann; Ivonne Wübker; Markus Wulftange; Wurst Stahlbau GmbH

Z Zoo Osnabrück gGmbH; Thomas Zumstrull

Last but not least schon jetzt: Ganz, ganz herzlichen Dank an Sie, liebe Leserin und lieber Leser, dass Sie mit mir durch dieses Buch unterwegs sind.

Und weil ich garantiert Menschen vergessen habe, entschuldige ich mich vorsorglich für all die Namen, die nicht in diesem Buch auftauchen, die aber trotzdem so wichtig für mein Leben und meine Vision sind.

Viele Menschen, die mir tatkräftig oder finanziell unter die Arme greifen, kenne ich gar nicht persönlich. Manche treten auch nur für einen kurzen Moment in mein Leben, haben aber einen entscheidenden Anteil an dem, was ich tue.

Ich laufe, ich reise, ich fahre, ich rede und ich gebe.

Immer wieder. Und glauben Sie mir, ich laufe vor allem, weil es meine bisher einzige Möglichkeit ist, um Kindern zu helfen. Ich verrate Ihnen ein Geheimnis: Ich werde älter und langsamer. Für einen schottischen Mann voller Stolz ist es nicht einfach, sich eingestehen zu müssen, dass der Zahn der Zeit an ihm nagt.

Die grauen Haare werden mir meistens noch als attraktiv ausgelegt, aber wenn ich in der winterlichen Kälte am frühen Morgen aus dem Haus gehe, um meine Trainingsrunde zu drehen, dann fühle ich mich manchmal wirklich alt.

Ich möchte mich nicht beklagen, aber es gehört auch zu meiner Geschichte, dass ich ehrlich benenne, dass es eine Menge Überwindung kostet, dranzubleiben, in Form zu bleiben und für die vielen Events zu trainieren.

Klar macht es großen Spaß, durch Brasilien zu laufen, die Tower Bridge im Kilt zu passieren, in Südafrika von wildfremden Menschen bejubelt zu werden oder beim New-York-Marathon ins Ziel zu kommen. Und ich gebe zu: Wenn viele Menschen an der Strecke stehen, dann läuft es sich leichter. Aber es ging für mich nie darum, Rekorde zu brechen, und ich kann aus vollster Überzeugung sagen, dass ich nie auch nur einen einzigen Lauf für mein eigenes Ego absolviert habe. Dazu laufe ich nicht gern genug.

Es ging und geht immer um Not leidende Kinder und um die Botschaft des Friedens.

So ist es auch, wenn ich meine Turnschuhe und das Laufshirt gegen meinen Anzug oder Feiertagskilt tausche und zu den verschiedensten Anlässen gehe, um Kontakte zu knüpfen oder Geld für Kinderprojekte zu erbitten und entgegenzunehmen. Wenn ich dann noch mit so netten Menschen wie Joachim Gauck, Jean-Claude Van Damme oder Lukas Podolski in Kontakt komme, freut es mich erst recht, durch meine Läufe zum Wohl von Kindern weltweit beizutragen.

Aber: Ohne die vielen Trainingskilometer am frühen Morgen oder am späten Abend wäre das nicht möglich. Und ohne die vielen kleinen Termine, Telefonate und Stunden der Vorbereitung noch viel weniger. Es sind die Dinge im Verborgenen, auf die es ankommt. Die, die niemand sieht. Die Momente, in denen niemand Beifall klatscht oder jubelt. Diese Augenblicke machen das große Ganze erst möglich. Jedes große Projekt bedarf jahrelanger Vorbereitung. Während dieses Buch entsteht, befindet sich mein Laufprojekt für 2020 in der Vorbereitungsendphase und die Vorbereitungen für 2021 laufen bereits auf Hochtouren.

Ich habe ja schon von meiner schwierigen Anfangszeit berichtet, aber es gibt auch heute noch Momente, in denen ich die Schwere fühle. Wenn ich von einer Nachtschicht komme und, anstatt ins Bett zu gehen, die Laufschuhe schnüre oder wenn ich am Wochenende arbeiten muss und danach noch eine Veranstaltung habe. Dann bin ich müde, ausgelaugt und weiß nicht, wie lange ich noch durchhalten kann.

Und dann höre ich die fiesen Stimmen in meinen Kopf. Es sind aber nicht Stimmen aus meiner Vergangenheit, sondern die kritischen Geister der Gegenwart, denn die gibt es auch zu Genüge. Durch meine Aktivitäten habe ich eine gewisse Popularität erlangt.

Zumindest in meinem unmittelbaren Umfeld kennt man mich und meine Arbeit oder man meint, mich zu kennen. Das ruft auch einige Kritiker und Neider oder schlichtweg Miesepeter auf den Plan.

Ich habe schon die eine oder andere Stimme vernommen, die sagte: »Da kannst du mir erzählen, was du willst, das macht niemand freiwillig. Und schon gar nicht dreißig Jahre lang. Ohne Geld zu verdienen? Quatsch!!«

Ich kann nur den Kopf schütteln und sagen: »Unser Haus ist noch längst nicht abbezahlt.« Das liegt auch daran, dass ich neben den Spenden, die durch den Verein und die Stiftung an gemeinnützige Projekte fließen, sehr viel Geld aus meiner eigenen Tasche nehme, um Flüge zu bezahlen, Fahrten zu finanzieren und Termine zu ermöglichen, von denen ich nicht mal weiß, ob sie in irgendeiner Weise etwas einbringen werden, bei denen ich aber eine Ahnung habe, dass es sich lohnen könnte.

Für diese privaten Ausgaben gingen die für das Haus geplanten Sondertilgungen drauf. Mehr möchte ich zu diesem Thema gar nicht schreiben. Die vielen positiven Erlebnisse tragen dazu bei, dass die negativen Stimmen in meinem Kopf leise bleiben und immer öfter verstummen.

Ich nutze die Möglichkeit lieber, um von einer Begebenheit zu berichten, die mir auf einer meiner Trainingsrunden widerfahren ist und die auch Jahre später noch ein ambivalentes Gefühl erzeugt. Ich schwanke zwischen Hoffnung, Dankbarkeit und Mitleid, wenn ich daran zurückdenke.

An diesem Abend war ich mäßig gut gelaunt, da ich einen harten Arbeitstag in der Fabrik hinter mir hatte und am nächsten Tag eine lange Reise anstand. Ich wollte einen potenziellen Sponsor besuchen, wusste aber nicht, ob sich der Besuch überhaupt lohnen würde. In meine Gedanken versunken, joggte ich durch den heimatlichen Park.

Aus den Augenwinkeln sah ich einen älteren Mann auf einer Parkbank sitzen. Als ich diese schon passiert hatte, rief er mir hinterher: »Entschuldigen Sie bitte!«

Ich blieb stehen und drehte mich um.

»Sind Sie John McGurk?«

»Ja!«

»Ich habe schon viel von Ihnen gehört. Das ist ja toll, dass ich Sie mal treffe.«

ICH SCHWANKE ZWISCHEN HOFFNUNG, DANKBARKEIT UND MITLEID, WENN ICH AN DIESE BEGEGNUNG ZURÜCKDENKE.

Ich war über diese kurze Pause ganz froh und setzte mich zu ihm. Der Mann hatte ein ziemlich eingefallenes Gesicht und ich sah in seinen Augen, dass es ihm nicht gut ging. Wir kamen ins Gespräch. Dabei offenbarte mir der Mann, dass er mein Engagement sehr schätzte und bewunderte.

»Ich wünschte, dass ich auch so etwas Tolles gemacht hätte in und mit meinem Leben.«

Ich stutzte, weil der Mann so sprach, als wäre sein Leben schon vorbei. Ich sagte ihm, dass es nie zu spät ist, anzufangen. Jeder kann etwas Gutes tun, egal wie alt er ist.

»Ach wissen Sie«, sagte er. »Ich sollte eigentlich längst tot sein. Mein Arzt hat mir schon vor einem Jahr gesagt, dass es bald zu Ende geht. Ich bin schwer krank. Und ich bereue zutiefst, dass ich nicht mehr Gutes getan habe in meinem Leben.«

Wir schwiegen einen Moment.

Dann sagte ich: »Wissen Sie, ich glaube fest daran, dass der liebe Gott uns allen die Möglichkeit gibt, etwas Gutes zu tun, egal wie groß oder wie klein, man muss es nur wollen.«

Wir schwiegen weiter, doch irgendwann sagte ich: »Es ist trotz allem nie zu spät, um anzufangen. Vielleicht gibt es in Ihrem Leben ja trotz Ihrer Krankheit noch etwas, was Sie machen können und was anderen Menschen hilft.«

Plötzlich fing der Mann an, sich zu winden. Er suchte nach Ausreden und stammelte, er habe keine Zeit und: »Jetzt lohnt es sich ja auch nicht mehr.«

Irgendwann verabschiedeten wir uns. Ich umarmte ihn und wünschte ihm alles Gute, er bedankte sich für das Gespräch und ich joggte sehr nachdenklich weiter.

Ich verstand nicht, wie in einer Person so eine Sehnsucht wohnen konnte, anderen zu helfen, und gleichzeitig so eine Abwehr spürbar war, wenn es darum ging, selbst aktiv zu werden.

Ich fuhr am nächsten Tag sehr motiviert zu meinem Sponsorentermin. Das hatte auch mit dieser Begegnung zu tun, denn mir ist durch sie klar geworden, dass Sehnsucht immer nur dann Frucht bringen kann, wenn aus ihr eine Bewegung entsteht. Ein Losgehen, ein Machen, eine Tat in bester Absicht. Dann darf man auch ruhig mal scheitern, aber alles ist besser, als zu wollen und nicht loszugehen.

Das hat mir Mut gegeben.

Ein paar Tage nach dieser Begegnung fand ich übrigens einen Scheck über 500 Euro für mein nächstes Charity-Projekt in unserem Briefkasten. Ich weiß bis heute nicht, von wem dieser Scheck kam. Aber ich hoffe sehr, dass er von dem Mann war, den ich im Park getroffen habe. Nicht für mich, sondern für ihn.

19
DER KAMIN

Dieser Kamin war
ein wahres Pulverfass.
Er enthielt Dinge,
die der Heimleiter niemals
in die Hände bekommen durfte.

Die Sonne schien. Wir waren in Schottland. Nichts Besonderes. Ich bin öfter mal in meiner alten Heimat. Aber diesmal hatte ich eine besondere Mission. Ich besuchte das alte Kinderheim »Lochvale Home« in Dumfries, denn diese Reise diente meiner Vergangenheitsbewältigung.

Die Idee war entstanden, als ich eines Abends völlig erschöpft von einem Trainingslauf zurückkehrte. Im Esszimmer setzte ich mich an den Computer, um einige E-Mails zu beantworten. Es war nicht mein Tag. Eine Firma sagte den Termin für den nächsten Tag ab: »Es tut uns sehr leid. Wir melden uns schnellstmöglich wieder bei Ihnen.«

Mist.

Ich schloss die Augen.

Und dann kamen sie wieder. Die Stimmen in mir, die mich fragten: »Warum machst du das eigentlich? Es scheint so aussichtslos.«

Diese Stimmen kannte ich schon. Doch dieses Mal mischte sich eine neue Stimme unter die gewohnten Töne. Eine noch fiesere und zermürbendere Stimme: »Was ist, wenn du dir deine ganze Kinderheimvergangenheit nur eingebildet hast? Wenn es gar nicht so schlimm war? Vielleicht stimmt das alles gar nicht.« Was ist, wenn das alles gar nicht stimmt!? – Dieser Satz klang in mir nach.

Tränen stiegen mir in die Augen. Wütend knallte ich den Laptop zu und blickte aus dem Fenster.

Und dann fiel es mir wieder ein.

Der Kamin. Die Briefe.

Im Speisesaal des Kinderheims in Dumfries gab es einen alten Kamin. An diesem lehnte Mr Smith oft, wenn er eine seiner gefürchteten Ausführungen hielt, und uns brach jedes Mal der kalte Schweiß aus. Der Grund für unsere Gefühlswallungen waren jedoch nicht seine Schimpftiraden. Wir befürchteten jedes Mal, dass er unser Geheimversteck entdecken würde, denn dieser Kamin war ein wahres Pulverfass. Er enthielt Dinge, die der Heimleiter niemals in die Hände bekommen durfte.

Einer der Jungen hatte zufällig einen Hohlraum zwischen dem Kamin und den rotbraunen Steinkacheln, die den Kamin umfassten, entdeckt. Der Hohlraum war wohl recht groß, aber die Öffnung sehr klein, ein Spalt nur, aber groß genug, um kleine Briefe dahinter verschwinden zu lassen. Aufzeichnungen, in denen wir Jungs uns den Frust von der Seele schrieben, die wir aber nicht abzuschicken wagten, denn Mr Smith kontrollierte nicht nur jeden Brief, der ins Kinderheim geschickt wurde, sondern auch jeden, der es verließ.

Ich schrieb zum Beispiel immer an einen Engel. Der sollte meinen Brief zu Gott bringen und ihm meine Nöte vorlesen. Wenn ich recht überlege, war dieser Hohlraum im Kamin für mich ein heiliger Ort. Ein Ort der Gottesbegegnung. Ein Ort der Beichte. Ein Kummerkasten. Und ein verzweifelter Versuch, gehört zu werden.

DIESER HOHLRAUM IM KAMIN WAR FÜR MICH EIN ORT DER GOTTESBEGEGNUNG. EIN KUMMERKASTEN. EIN VERZWEIFELTER VERSUCH, GEHÖRT ZU WERDEN.

Wir nahmen kein Blatt vor den Mund, beschimpften Mr Smith in unseren Zettelchen bis aufs Äußerste und teilten dem unbekannten Empfänger unsere Erlebnisse mit. Trotz der Gefahr, entdeckt zu werden, gingen wir das Risiko ein, denn wir mussten unserem Ärger und unserer Not einfach Luft machen. Diese

Aufzeichnungen waren jedoch hochbrisant. Für uns stand fest: Wenn Mr Smith sie jemals in die Hände bekam, würde er uns umbringen. Das Problem war, dass die Einfassung des Kamins nicht mehr allzu stabil und der Kamin nur sehr sporadisch an der Wand befestigt war. Wenn man daran rüttelte, bewegte sich die ganze Einfassung. Deshalb befürchteten wir, dass Mr Smith den Kamin irgendwann einmal ausbessern lassen würde.

Doch das passierte nie. Zum Glück.

An genau diesen Kamin mit dem Hohlraum und den vielen geheimen Zettelchen erinnerte ich mich nun.

Wenn ich mir meine ganzen Erlebnisse in der Intensität und Dramatik nicht eingebildet hatte, dann musste ich nach Schottland und den Kamin untersuchen – wenn es ihn überhaupt noch gab und wenn er nicht repariert worden war und wenn die Zettel noch da waren.

Ziemlich viele »Wenn«.

Egal. Mein Entschluss stand fest. Wir mussten nach Schottland.

»Katja?«

»Ja?«

Meine Frau kam ins Zimmer und setzte sich neben mich.

»Wir müssen nach Schottland.«

Katja schaute mich an. Sie merkte, dass ich aufgewühlt war und dass mich etwas beschäftigte. Sie war überrascht, fragte aber nicht nach, sondern nickte nur und sagte: »Okay, wann?«

Das schätze und liebe ich besonders an meiner Frau. Eine ihrer Stärken ist es, zu antizipieren und Konstellationen blitzschnell einzuordnen. Selbst wenn sie nicht genau weiß, worum es geht, erfasst sie wichtige Situationen und reagiert intuitiv so, dass es einen weiterbringt.

Erst Tage später habe ich mit ihr über meine Gedanken gesprochen und sie hat mich verstanden.

Wir planten also einen Trip in meine Vergangenheit, ins ehemalige Kinderheim »Lochvale Home«, mittlerweile ein sehr angesehenes Begegnungszentrum und ein sportlicher Treffpunkt für Kinder. Es arbeiten tolle Leute dort. Menschen, die sich mit der Vergangenheit auseinandersetzen und mich sehr ernst nehmen.

Bei der Gelegenheit wollte ich auch Mr Smith treffen. Volle Breitseite und Konfrontation. Ich wollte ihn zur Rede stellen, um meine Vergangenheit zu bearbeiteten. Viele haben mir dazu geraten, viele haben mir davon abgeraten. Aber aufgrund der vielen Zweifel und gedanklichen Stürme, die meine Vergangenheit infrage stellten, entschloss ich mich dazu, auch das anzugehen.

In den Vorgesprächen erfuhr ich jedoch, dass Mr Smith nicht mehr lebte.

ICH ERFUHR, DASS MR SMITH NICHT MEHR LEBTE. ER WAR TOT UNTER EINER BRÜCKE AUFGEFUNDEN WORDEN.

Er war tot unter einer Brücke aufgefunden worden. Mehr wollte ich gar nicht wissen.

Auch über die Briefe sprach ich mit einer netten Dame aus dem jetzigen Begegnungszentrum. Sie hatte bereits davon gehört. Mein Herz hüpfte bei diesen Worten. Allerdings hatte eine Studentin, die an einer Chronik des Hauses arbeitete, die Aufzeichnungen gefunden und mitgenommen. Das versetzte meiner Freude einen gehörigen Dämpfer.

Wir flogen trotzdem nach Schottland, denn allein die Tatsache, dass die Briefe gefunden worden waren, zeigte ja, dass sie wirklich existierten.

Am Kinderheim angekommen, ging ich durch die Haustür und blieb im Eingangsbereich stehen. Es war ein sonniger Tag. Viele fröhliche Stimmen drangen an mein Ohr. Meine Frau stand neben mir. Sie hielt meine Hand. Ich fühlte mich geborgen.

Es war so anders als damals und doch überfiel mich eine beträchtliche Schwere. Mit jedem Schritt, den ich in dem ehemaligen Kinderheim zurücklegte, holte mich die Vergangenheit mehr ein.

Niemand wollte uns begleiten. Wir durften uns frei bewegen. Da ist man in Schottland um einiges entspannter als in Deutschland. Und auch um einiges unvorsichtiger. Wie in meinem Fall. Denn als ich im Raum mit dem alten Kamin stand, war ich nicht mehr aufzuhalten. Ich musste nach den alten Aufzeichnungen suchen, koste es, was es wolle.

Meine Frau stand Schmiere und ich untersuchte den Kamin. Er sah ziemlich mitgenommen aus. Ich mühte mich ganz schön ab, aber es gelang mir, ihn wegzuschieben und das Geheimversteck freizulegen.

Ich sah nur ein großes schwarzes Loch. Sonst nichts.

Ich kroch mit meinem ganzen Oberkörper in das Loch und fühlte mit meinen Händen den Boden ab. Immer noch Fehlanzeige.

Meine Hände waren bereits schwarz vor Dreck, aber ich gab nicht auf. Irgendwo musste doch etwas zu finden sein.

Da.

Meine Hände berührten etwas. Papier.

Es waren Zettel. Ganze Briefe. Ich schrie vor Freude.

»Pssssssst!«

Meine Frau stand immer noch an der Tür und sie hatte wenig Interesse daran, entdeckt zu werden.

Ich griff mir eine Handvoll Briefe und krabbelte wieder zurück.

Mit festem Boden unter den Füßen betrachtete ich die Aufzeichnungen. Krakelige Kinderschrift, etwas verblichen, fast unleserlich.

Aber für mich war klar: Ich hatte mich nicht geirrt. Das hatte ich mir nicht eingebildet. Ich hatte den Beweis, dass meine Geschichte stimmte.

Schritte näherten sich.

Ich ging zu meiner Frau und schon stand ein Mitarbeiter des Zentrums im Raum.

Ich strahlte ihn an.

»Ich habe ein Stück meiner Vergangenheit wiedergefunden«, sagte ich mit

MEINE HÄNDE WAREN BEREITS SCHWARZ VOR DRECK, ABER ICH GAB NICHT AUF. IRGENDWO MUSSTE DOCH ETWAS ZU FINDEN SEIN.

dreckverschmiertem Gesicht zu ihm und hielt ihm die Briefe unter die Nase.

Er blickte zuerst mich an, dann auf den zur Seite geschobenen Kamin und dann wieder mich.

Wir erklärten den Verantwortlichen alles und bekamen keinerlei Schwierigkeiten. Wir durften sogar Fotos machen und somit das dokumentieren, was meine Geschichte bestätigte.

Briefe von mir habe ich leider nicht gefunden. Auch die Studentin, die sich mit der Geschichte des »Lochvale Home« auseinandergesetzt hat, konnte ich bis heute nicht ausfindig machen. Aber viele der Briefeschreiber sind mir wohlbekannt und ich würde die Briefe gern ihren rechtmäßigen Eigentümern zukommen lassen.

Über die Inhalte schweige ich bis heute.

Das ist Ehrensache.

20

ZWISCHEN TRAUM UND WIRKLICHKEIT

Die Träume tragen dazu bei, dass ich mein Schicksal selbst in die Hand nehme und etwas tue.

Ich stehe auf einer Plattform, hoch oben über der Erde im Weltraum. Es ist Nacht und ich betrachte die Schönheit unseres Erdballs. Die Sterne funkeln und ein leichter Wind kühlt mein Gesicht. Ich atme tief durch und fühle eine große Zufriedenheit. Es ist still. Einige Zeit passiert nichts weiter. Ich stehe einfach da und genieße den Moment.

Ein Brausen ertönt. Die Wassermassen auf der Erde kommen in Bewegung. Sie vermehren sich rasend schnell. Das Land wird vom Wasser überrollt. Immer mehr und mehr Wasser strömt über die Kontinente. Es ist wie eine zweite Sintflut und es dauert nur wenige Sekunden, bis die ganze Erde im Wasser versunken ist.

Schockiert starre ich von meiner Plattform auf die Erde.

Dann merke ich, wie sich hinter meinem Rücken etwas bewegt. Ich blicke langsam über meine linke Schulter und sehe eine Wolke, die trotz der Dunkelheit in ein wunderschönes und warmes gelbes Licht getaucht ist. Die Wolke kommt näher und aus dieser Wolke formt sich ein Gesicht.

Ich identifiziere es als Angesicht Gottes. Relativ klassisch, mit einem dunklen Bart, langen Haaren und durchdringenden Augen. Es sind Augen voller Ruhe und voller Kraft. Gottes Gesicht lässt keine Rückschlüsse auf sein Alter zu. Er könnte dreißig Jahre alt sein oder siebzig.

Es ist ein machtvoller Anblick. Ich falle auf meine Knie und halte mir die Hände vor die Augen.

Da höre ich eine Stimme: »John, was machst du?«

»Vater, ich habe es nicht verdient, dir in die Augen zu schauen.«

Gott antwortet mir: »John, ich habe große Freude an dir und an dem, was du tust. Diesen Moment wirst du nie vergessen.«

Dann explodiert die Wolke mit Gottes Gesicht und alles andere rings um mich herum. Die Erde voller Wasser, die Sterne, der Weltraum, das Universum, alles explodiert.

Ich befinde mich in einem hellen, gleißenden Licht. Wieder absolute Stille. Wieder regt sich hinter mir etwas. Ich blicke mich um und sehe, wie ein großer dunkler Schatten das Licht einnimmt und bedrohlich auf mich zukommt.

Ich schreie und falle ins Nichts!

Schweißgebadet schrecke ich hoch. Es war nur ein Traum. Aber was für einer!

Katja ist von meinen Schreien aufgewacht und fragt: »John, was ist los? Hattest du wieder einen Albtraum?«

Ja und nein. Ich frage mich: Was hat dieser Traum zu bedeuten? Warum träume ich überhaupt in so einer intensiven Art und Weise?

Die gleichen Gedanken wie in der Vergangenheit kommen wieder hoch. Noch Tage später versuche ich zu analysieren, was da in meinen Gedanken passiert ist. Die Erde, die Flut, Gottes Gesicht, die Explosion, der Schatten …

In der Wissenschaft kursieren die verschiedensten Theorien über Träume. Manche Verhaltensforscher behaupten, dass Träume keinerlei Funktionen und Bedeutungen hätten, andere meinen, dass Träume Erfahrungen aus dem Alltag widerspiegeln. Außerdem werden in fast jeder Religion Träume als wichtiger Vermittlungsraum für göttliche Botschaften angesehen.

Ich habe einige wissenschaftliche Bücher zu dem Thema gelesen und mich mit anderen gläubigen Menschen unterhalten.

Das Ergebnis für mich: Es lässt sich alles in irgendeiner Form wissenschaftlich erklären, aber in jeder These liegt eine kleine oder größere Menge an Unerklärbarem, das nicht wegzudiskutieren ist. Die Wahrheit liegt oft im Auge des Betrachters.

Ich würde meine Träume niemals als reine Prophetie Gottes hinstellen. Ich bin mir bewusst, dass mein Gehirn und meine Persönlichkeit da ordentlich mitwirken. Allerdings nehme ich den übernatürlichen Aspekt auch nicht raus. Gerade weil mir ein geistliches Leben lange fremd war, überraschen mich solche »geistlichen« Träume ganz besonders.

Sie strengen mich zwar mental sehr an, schmerzen richtig und erzeugen eine gewisse Panik, aber sie geben mir vor allem Hoffnung. Ich ziehe meine Schlüsse aus den Träumen, und wenn ich keine Erklärung finde, die für mein Leben passt, dann ist das auch in Ordnung. In diesem Buch schildere ich nur eine kleine Auswahl meiner Träume. Viele andere kann ich mir selbst nicht erklären und bewege sie tief in meiner Seele.

> **ICH WÜRDE MEINE TRÄUME NIEMALS ALS REINE PROPHETIE GOTTES HINSTELLEN. ICH BIN MIR BEWUSST, DASS MEIN GEHIRN UND MEINE PERSÖNLICHKEIT DA ORDENTLICH MITWIRKEN.**

Der Schlüssel für meinen persönlichen Umgang mit den Träumen liegt natürlich auch in meiner Vergangenheit. Es sind die Erlebnisse von damals, die mich verfolgen. Aber ich nehme nicht mehr die Opferrolle ein. Die Träume erinnern mich zwar, aber sie rauben mir keine Energie. Sie tragen dazu bei, dass ich mein Schicksal selbst in die Hand nehme und etwas tue. Das ist ein wichtiger Punkt: Ich bleibe nicht passiv und lasse mich von meinen Träumen bestimmen, sondern ich werde aktiv, nehme die

Träume als Sprungbrett und versuche, sie auf die Wirklichkeit zu übertragen.

Der eben beschriebene Traum hat mich ebenfalls zur Aktivität angetrieben. Neben meinem Engagement für die Grundrechte der Kinder wurde mein ökologisches Gewissen angestoßen. Die Wassermassen stehen für mich stellvertretend für den Klimaraubbau, den wir betreiben. Auch in diesem Bereich haben wir eine große Verantwortung unseren Kindern gegenüber.

Ich hatte diesen Traum im Jahr 2005. Neben allen ungeklärten Bildern, die darin vorkamen, war mir ziemlich schnell klar: Nicht nur die unmittelbare Hilfe für Kinder in Not ist wichtig. Ich muss mit meiner Arbeit auch die Zukunft der nächsten Generationen in den Blick nehmen. Die Art und Weise, wie wir mit unserer Erde und den dazugehörigen Ressourcen umgehen, ist unverantwortlich. Naturkatastrophen sind die Folge.

NICHT NUR DIE UNMITTELBARE HILFE FÜR KINDER IN NOT IST WICHTIG. ICH MUSS MIT MEINER ARBEIT AUCH DIE ZUKUNFT DER NÄCHSTEN GENERATIONEN IN DEN BLICK NEHMEN.

Die Organisation »Global Footprint Network«[5] hält uns mit ihrer jährlichen Kampagne vom »Earth Overshoot Day« (Weltüberlastungstag) einen Countdown vor Augen, der zeigt, wie viel Raubbau wir auf unserer Erde betreiben. In jedem Jahr gibt es ein Datum, an dem wir alles aufgebraucht haben, was uns die Natur in diesem Jahr zur Verfügung gestellt hat. Ab dem Tag leben wir sozusagen auf Pump. Das ist nur ein symbolischer Tag mit vagen Berechnungen, wann genau das Wasser für 2019 und 2020 aufgebraucht sein wird, aber es hält uns allen den Spiegel vor.

Im Jahr meines Traums fiel der »Earth Overshoot Day« auf den 20. Oktober, im Jahr 2018 war es dagegen bereits der 1. August. Selbst wenn man sich da um ein paar Tage verrechnet, ist das Ergebnis klar: Wir leben immer früher auf Pump. Erschreckend. Wenn man Deutschland betrachtet, sieht es sogar noch schlimmer aus. Wir haben unsere Ressourcen für 2019 bereits am 3. Mai verbraucht.[6]

Mit meinem Traum bekam ich eine ganz neue Sensibilität für dieses Thema und seitdem engagiere ich mich auch für ökologische Themen und Projekte. Die Verbindung zwischen Erde und Gott in meinem Traum hat mir bewusst gemacht, dass Gott uns die Erde zur Verfügung gestellt hat. In der Schöpfungsgeschichte der Bibel steht, dass er uns die Erde anvertraut, damit wir sie bebauen und bewahren.

Wir dürfen alles nutzen, weiterentwickeln, uns verwirklichen und erfinden. Aber wir haben ebenfalls den Auftrag, die Erde und alles, was darauf ist, zu bewahren. Menschen, Tiere, Natur, alles, was lebt, verdient unseren Respekt.

Ich werde manchmal belächelt, wenn meine Tierliebe mit mir durchgeht. Einmal habe ich während eines großen Benefizlaufes auf Sylt vor mir auf dem Boden eine dicke haarige Raupe gesehen, die sich über die Straße schob. Sofort habe ich mich zwischen die Gruppe der Läufer und die Raupe gestellt, die Arme auseinandergerissen und ganz laut »Stopp« gerufen.

Alle blieben erschrocken stehen. Sie dachten, jemand wäre gestürzt oder etwas anderes Schlimmes wäre passiert. Doch ich habe mich umgedreht und gesagt: »Ich muss schnell die Raupe von der Straße nehmen, sonst wird sie totgetrampelt.«

Ich tat es unter dem ungläubigen Staunen der anderen Läuferinnen und Läufer. Manche waren sich nicht sicher, ob ich sie auf den Arm nehmen wollte. Andere schüttelten nur den Kopf. Aber ich kann einfach keine Tiere leiden sehen, egal ob Elefant oder Schnecke.

Wir müssen uns um die Lebewesen kümmern, die selbst nur bedingt für sich sorgen können. Und seit dem Traum im Jahr 2005 ist die Umwelt ganz bewusst in meinem Fokus.

Mit großem Respekt beobachte ich in diesen Wochen und Monaten, wie sich eine junge und mutige Schwedin namens Greta Thunberg aufmacht und die Welt durch ihr Engagement aufrüttelt. Angefangen hat sie mit einem stillen und stetigen Protest vor dem schwedischen Reichstag in Stockholm. Es ist dieser jungen Dame zu verdanken, dass viele Entscheiderinnen und Entscheider aus Politik, Wirtschaft und Gesellschaft den Angstschweiß auf der Stirn nicht mehr so schnell wegbekommen.

Gerade die Häme, die Verleumdung und der Spott, die Greta Thunberg aushalten muss, zeigen mir, wie richtig sie mit ihren Aktivitäten liegt.

Bei der Jahrestagung des Weltwirtschaftsforums 2019 in Davos sagte die Klimaaktivistin: »Ich will, dass ihr handelt, als wenn euer Haus brennt, denn das tut es. Erwachsene sagen immer wieder: Wir sind es den jungen Leuten schuldig, ihnen Hoffnung zu geben. Aber ich will eure Hoffnung nicht. Ich will, dass ihr in Panik geratet, dass ihr die Angst spürt, die ich jeden Tag spüre.«[7]

Die Worte von Greta Thunberg inspirieren Menschen auf der ganzen Welt. Vor allem junge Menschen, Schülerinnen und Schüler übernehmen Verantwortung und setzen sich für den Klimaschutz ein. Die junge Schwedin sagt genau das, was ich seit fast fünfzehn Jahren fühle, und sie kämpft gegen das, wogegen ich kämpfe.

Reden allein hilft nicht. Wir müssen etwas tun. Deshalb laufe ich. Auch für Projekte, die sich für den Klimaschutz einsetzen. Und vor allem für die Menschen, die selbst keine Stimme habe, die sich nicht für ihre Rechte einsetzen können. Auch das verfolgt mich bis in meine Träume.

Einmal träumte ich vom Engel Gabriel. Er stand vor mir in seiner ganzen Pracht. Ich weiß natürlich nicht wirklich, ob es Gabriel war, aber in meinem Traum war das für mich ganz klar. Der mächtige Erzengel, *der* Bote Gottes kam mir in diesem Traum ganz nah und hielt ein unterernährtes sterbendes Kind auf seinem Arm. Auf dem Boden sah ich Hunderte Kinder, die schon gestorben waren. Ein schrecklicher Anblick.

Das Kind auf Gabriels Arm schaute mich an, schloss dann die Augen und starb wie die anderen. Friedlich, in den schützenden Armen von Gabriel. Ich bekam im Traum körperliche Schmerzen und fing an zu weinen. Die ganze Trauer und das Elend übermannten mich, und in genau diesem Zustand wachte ich auf.

Vielleicht verstehen Sie nun ein wenig, warum ich mir manchmal wünsche, nicht mehr zu träumen. Auch hier fragte ich mich: Was soll dieser Traum? Ich weiß doch, dass es viel Elend auf dieser Welt gibt, und ich tue doch alles dafür, dass sich das ändert. Warum muss ich diese schrecklichen Bilder im Traum sehen?

Ein paar Tage später lernte ich einen Mitarbeiter des weltweit agierenden Kinderhilfswerks »Terre des Hommes« kennen. Es entwickelte sich eine Zusammenarbeit und viele meiner

Projekte startete ich gemeinsam mit dieser Organisation. Diese Zusammenarbeit hätte sich vielleicht auch ohne meinen Traum entwickelt, aber durch ihn wurde ich noch einmal für die Probleme sensibilisiert und bereit gemacht. Ich wurde zum Regionalbotschafter von »Terre des Hommes«.

Anlässlich der Fußball-WM 2014 veranstaltete mein Verein einen Benefizlauf »nach« Brasilien. Schon im Jahr 2013 hatten wir auf vielen verschiedenen Benefizläufen Geld für die Straßenkinder in Brasilien gesammelt. Natürlich ließen wir es uns nicht nehmen und liefen die 500 Kilometer vom Osnabrücker Rathaus bis zum Flughafen Frankfurt.

Von Frankfurt flogen wir nach São Paulo. Dort angekommen, begann der fünfundzwanzig Kilometer lange Schlussspurt, der mich und meine Mitstreiter durch das Zentrum der Megastadt bis zur Stiftung des ehemaligen Fußballers und Superstars Cafu führte. Marcos Evangelista de Moares, kurz Cafu, ist nicht irgendein Superstar. Er ist zweimaliger Weltmeister und der einzige Spieler, der es geschafft hat, in drei WM-Finalen zu spielen.

Cafu wurde in den Favelas des Wohnviertels von Jardim Irene geboren und wuchs dort auf. Trotz seines unglaublichen Erfolgs ist er seinem Ursprung treu geblieben und bietet 700 Kindern und Jugendlichen aus Armenvierteln die Möglichkeit, an Spiel- und Sportprojekten teilzunehmen. So bekommen sie Selbstbewusstsein, haben Spaß und lernen spielerisch, was es bedeutet, in einem Team zu sein, sich anzustrengen und für eine Anstrengung belohnt zu werden.

Wenige Hundert Meter vor der Stiftung wurden wir mit den Trommeln einer Perkussionsgruppe begrüßt. Was für ein Erlebnis! Über dreihundert Kinder und Jugendlichen begleiteten uns auf den letzten Metern. Überall blickte ich in strahlende Gesichter. Und auch Cafu zeigte sich beeindruckt von unserem Einsatz.

Auf dem Rückflug saß ich am Fenster und dachte über die tollen Erlebnisse in Brasilien nach. Ich war dankbar für all das, was wir schon erreicht hatten. Aber ich war noch lange nicht am Ziel. »Wenn es irgendwann einmal möglich sein würde, eine eigene Stiftung zu haben«, dachte ich versonnen. »Das wäre wunderbar.

ÜBER DREIHUNDERT KINDER UND JUGENDLICHEN BEGLEITETEN UNS AUF DEN LETZTEN METERN. ÜBERALL BLICKTE ICH IN STRAHLENDE GESICHTER.

Ich bin zwar kein ehemaliger Profifußballer. Aber ich bin John McGurk. Ein Mann voller Träume. Und voller Taten.«

Dieser Gedanke begleitete mich seitdem. Und aus dem Gedanken wurde ein immer wiederkehrendes Gebet.

21
EINE STIFTUNG

Ich glaubte fest,
mich verhört zu haben.

Die Natur ist mein Freund. Sie ist der Ort, an dem ich Ruhe, Inspiration und Erfüllung finde. In der Natur entwickle ich Konzepte, Ideen und bereite Events vor. Ohne diese Verbundenheit zur Natur würde ich wahrscheinlich schon längst nicht mehr laufen. Ich finde wirklich jede Jahreszeit faszinierend. Der Duft des Frühlings, die Wärme des Sommers, die Farben des Herbstes und die Melancholie des Winters ziehen mich immer wieder in ihren Bann. Der Geruch des Waldbodens direkt nach einem Frühlingsregen ist unbezahlbar.

Deshalb ist es auch nicht weiter verwunderlich, dass ich mich Gott besonders nah fühle, wenn ich mich unter freiem Himmel befinde. Kein Gotteshaus der Welt könnte mir das bieten, was mir ein Wald, ein See und manchmal sogar ein lauter und verstopfter Highway bieten. Ich bete oft, wenn ich laufe.

Im Unterwegssein kann ich mich besser auf Gott einlassen. Es ist dann wie ein Meeting in einem sehr entspannten Rahmen. Gott ist so etwas wie mein Manager, dem ich voll vertraue und der den absoluten Einblick hat. Mit ihm rede ich über Geldangelegenheiten, Sponsoring und Strategien. Und ich vertraue ihm die tiefsten Geheimnisse meiner Seele an.

Nach dem Traum mit Maria und der ersten wirklich spirituellen Begegnung mit der Präsenz Gottes setzte ich mich intensiv mit meiner Beziehung zum Allmächtigen auseinander. Ich wollte mir einen persönlichen Rahmen der Gottesbeziehung suchen. Die verschiedensten Frömmigkeitsstile allein im protestantischen Umfeld bieten ja eine ziemlich große Bandbreite. Viele Formen von Christsein finde ich inspirierend, einige sind mir immer fremd geblieben.

Ich fühle mich wohl in der Art, in der ich mit Gott unterwegs bin. Individuell und trotzdem mit vielen Menschen verbunden.

Ich bin mir sicher, dass Gott sich jedem Menschen auf eine ganz individuelle Art nähert. Mir ist es eigentlich egal, wie jemand seine Frömmigkeit lebt, zeigt und erklärt.

Viel wichtiger ist es mir, dass die Menschen in ihrer Beziehung zu Gott Erfüllung finden, Hoffnung tanken und motiviert werden, im Sinne Christi unterwegs zu sein. Ob das in einer charismatischen Freikirche passiert, in einer Landeskirche oder in einer anderen Konfession, ist zweitrangig.

> **MIR IST ES WICHTIG, DASS DIE MENSCHEN IN IHRER BEZIEHUNG ZU GOTT ERFÜLLUNG FINDEN, HOFFNUNG TANKEN UND MOTIVIERT WERDEN, IM SINNE CHRISTI UNTERWEGS ZU SEIN.**

Der gemeinsame Nenner aller Christen, nein, aller Menschen und damit auch der Sinn des Lebens ist für mich das, was Jesus formuliert hat, als er nach dem höchsten Gebot gefragt wurde:

> Das höchste Gebot ist das: »Höre, Israel, der Herr, unser Gott, ist der Herr allein, und du sollst den Herrn, deinen Gott, lieben von ganzem Herzen, von ganzer Seele, von ganzem Gemüt und mit all deiner Kraft. ... Das andre ist dies: »Du sollst deinen Nächsten lieben wie dich selbst.« Es ist kein anderes Gebot größer als dieses.
>
> *Markus 12,29.31*

Diese Sätze beeindrucken mich. Jedes einzelne Wort ist für mich Antrieb.

Gott lieben von ganzem Herzen: Das Herz spielte in der Ankündigung meines Traums eine große Rolle. Es treibt mich an. Es arbeitet, wenn ich laufe, lebe und liebe.

Von ganzer Seele: Meine Seele hat als Kind viel erleiden müssen, aber immer hat sie Kontakt zu Gott gehabt. Es waren besonders die Extremsituationen, bei denen ich mir im Nachhinein sehr sicher bin, dass da jemand war, der mich gehalten hat, der mich immer noch hält. Das ist mir früher nur nicht bewusst gewesen. Obwohl ich in meiner Kinderseele alles Himmlische vermisst habe, hat mich Gott trotzdem gehalten und gesehen und meine besonderen Träume haben meiner verletzten Seele geholfen.

Ich schiebe Gott meine schlimme Vergangenheit nicht in die Schuhe – das wäre zu einfach. Nein, dafür waren Menschen verantwortlich: die Täterinnen und Täter und die stillen Zuschauerinnen und Zuschauer. Kinderarmut und Kindesmisshandlung kann man nun wirklich nicht Gott in die Schuhe schieben. Mit unseren Möglichkeiten und unserem Wissen dürfte kein Kind auf der Welt hungern oder Misshandlungen ausgesetzt sein. Wenn es dennoch geschieht, dann liegt es an Menschen: an denjenigen, die sich strafbar machen, und an denjenigen, die wegschauen.

Mein Kontakt zu Gott zeigt sich auch heute nicht unbedingt durch Gottesdienstbesuche, Bibellesen, besonders lange Gebete oder andere scheinbar klassische Formen. Meine Seele hat Kontakt zu Gott. Individuell und so, wie es für mich gut ist. Durch mein Engagement, meine Dankbarkeit, meine Lebensfreude, meine Familie, meine Freunde, meine Träume und mein ganzes Leben. Meine Seele, mein Glaube an Gott ist maßgeblich dafür verantwortlich, dass ich mich engagiere.

Von ganzem Gemüt und mit all deiner Kraft: Mein Körper und meine Kraft sind mein Kapital. Auch damit liebe ich Gott.

Meinen Nächsten lieben: Die vielen (für mich) namenlosen Kinder, die Opfer von Armut, Gewalt und Lieblosigkeit sind – Gott kennt meine Nächsten.

Mich selbst lieben: Damit stellt mir Gott die größte Herausforderung mitten in den Weg. Wenn man, wie ich, in den ersten Jahrzehnten des Lebens immer wieder eingetrichtert bekommt, dass man nichts kann und ist, dann verkümmert die Selbstliebe. Mein Selbstbewusstsein und damit auch die Liebe zu mir selbst habe ich mir erkämpft. Manchen fliegt sie nur so zu – ich musste mich immer und immer wieder nach ihr ausstrecken.

> DAS DOPPELGEBOT DER LIEBE BEEINDRUCKT MICH. JEDES EINZELNE WORT IST FÜR MICH ANTRIEB. ICH GEHE WACHSAM DURCH DIE WELT, IMMER WIEDER AUF DER SUCHE NACH MENSCHEN, DENEN ICH HELFEN KANN, UND AUF DER SUCHE NACH VERBÜNDETEN.

Mit diesem Parameter des Doppelgebots der Liebe gehe ich wachsam durch die Welt auf der Suche nach Menschen, denen ich helfen kann, und auf der Suche nach Verbündeten. Und ich finde sie. Immer wieder. An den ungewöhnlichsten Orten.

Zum Beispiel Dr. Rahim Groß aus Münster. Er ist Ingenieur und Unternehmer und wir haben uns bei einem Golfturnier kennengelernt. Wir standen im Jahr 2016 zufällig gemeinsam beim Abschlag und kamen ins Gespräch. Besser gesagt: Ich habe ihm meine Geschichte erzählt. Er hat zugehört. Interessiert zugehört. Mehr nicht.

Dann verging ein ganzes Jahr, ich hatte die Begegnung als sehr interessant, aber abgeschlossen abgespeichert, bis Dr. Groß mich anrief.

»Ich habe eine kleine Spende für dich«, verriet er am Telefon.

Als wir uns in einem Kaffee trafen, eröffnete er mir, dass er meine Projekte mit 10 000 Euro unterstützen wollte. Das machte mich glücklich.

Doch das war längst noch nicht alles. Nach einer knappen Stunde schaute mir Rahim fest in die Augen und fragte mich: »John, möchtest du meine Stiftung übernehmen?«

Ich glaubte fest, mich verhört zu haben. Hatte ich aber nicht. Es war sein Ernst.

2007 hatte Rahim Groß die Stiftung »Eine Zukunft für Kinder« ins Leben gerufen und mit 300 000 Euro aus seinem Privatbesitz ausgestattet. Sein Stiftungsziel: Er wollte Kindern ins Leben helfen, die weitaus schlechtere Startchancen hatten als er selbst.

Seine Möglichkeiten, zu helfen, waren groß. Allerdings fehlten ihm die konkreten Projekte. Als unsere Wege sich kreuzten, spürte er, dass ich ein Mann der Tat war. Genau so jemanden hatte er gesucht.

Als ich mich von meinem ersten Schock erholt hatte und die feste Absicht dieser Anfrage durchgesickert war, fühlte es sich so an, als würde sich eine Prophezeiung erfüllen. Eine eigene Stiftung. Auch darüber hatte ich mit meinem Manager schon geredet.

»Wenn ich mal richtig viel Geld hätte, Gott, dann würde ich eine eigene Stiftung gründen.«

Das Gebet wurde erhört.

»John, du bist der Richtige!«, hörte ich Rahims Stimme. »Denn du redest nicht nur, du machst auch.«

Ich habe Rahim zugesagt und wir haben uns die Hand darauf gegeben. Zu Hause erzählte ich Katja davon, doch ich konnte es immer noch kaum glauben.

Ich wusste, dass mit dieser Stiftung noch viel mehr Arbeit auf mich zukommen würde, als ich ohnehin schon hatte. Ehrenamtliche Arbeit, versteht sich. Trotzdem habe ich mich, noch vor den juristischen Schritten, die es brauchte, um die Stiftung zu übertragen, voll in die Arbeit gestürzt. Strategisch war mir klar, was ich verändern würde. Ich baute den Vorstand aus. Meine Tochter Mandy wurde die zweite Vorsitzende, und meine liebe Freundin Heike Beitz übernahm den Posten der Kassiererin.

Wir nutzten sehr rasante Mittel und Wege, um die Stiftung bekannt zu machen. David Kolkmann, ein begnadeter Rennfahrer, fuhr mit dem Stiftungslogo auf seinem Auto den Porsche Carrera Cup in Hockenheim – Hans-Bernd Kamps, einem Agenturbesitzer und Visionär mit einem sehr großen Herzen, sei Dank.

Im Stiftungslogo befindet sich ein gelber Schmetterling, ein Zeichen für die Zerbrechlichkeit, für die Schönheit im Kleinen, für die Natur. Mein Traum, in dem die Erde vom Wasser verschlungen wurde, erinnert mich daran, dass es höchste Zeit ist, sich für die Natur einzusetzen.

Mit der Stiftung möchte ich im Rahmen meiner Möglichkeiten die Sinne von uns Menschen schärfen. Mit ein bisschen Kreativität und ganz viel Leidenschaft funktioniert das überall. Wir haben mit der Stiftung bereits den Zoo-Lauf in Osnabrück installiert. Hier verbinden wir das Engagement für die Natur mit der Hilfe für Kinder.

Wir sind von Osnabrück nach Innsbruck oder London gelaufen. Wir haben das »Fit Kids – Bewegung macht stark«-Projekt gegründet, bei dem fünf- bis achtjährige Kinder verschiedene Sportarten ausprobieren können. Ende 2018 konnte diese Stiftung gemeinsam mit dem Osnabrücker Zoo die Gala »Flügel für die Zukunft« im Steigenberger-Hotel Remarque feiern. Auch hierfür ist der Osnabrücker Zoo ein starker Partner.

Diese Gala gab mir in meinem Engagement für Mensch, Tier und Natur zum ersten Mal so etwas wie Erfüllung, denn auch wenn ich voller Hoffnung, Tatendrang und ganz vielen Ideen steckte: Innerlich war ich immer etwas rastlos. Ich wusste, dass ich viel erreichen kann, und strengte mich an, stand nach Rückschlägen wieder auf, feierte Erfolge, aber diese Rastlosigkeit spürte ich immer. Sie war Antrieb und Unruheherd zugleich.

NACH EINER KNAPPEN STUNDE SCHAUTE MIR RAHIM FEST IN DIE AUGEN UND FRAGTE MICH: »JOHN, MÖCHTEST DU MEINE STIFTUNG ÜBERNEHMEN?«

Diese Gala schenkte mir persönlich Erfüllung. Inhaltlich und äußerlich. Klar geht es in erster Linie um die Inhalte, die wir transportieren. Aber meine Mitstreiter Andreas Busemann und Heike Drogies, und ich hatten es uns einfach verdient, mit dieser Gala auch mal richtig Glanz und Glamour zu versprühen. Wir hatten so hart dafür gearbeitet. Es war an der Zeit, kurz innezuhalten und uns selbst vor Augen zu führen, wie viel Gutes schon passiert war. Es war kein Zurücklehnen, Armeverschränken und Sich-selbst-auf-die-Schulter-Klopfen, sondern ein Abend voller Dankbarkeit. Wir hatten viele Leute eingeladen, die sich ebenfalls mit einer unheimlichen Leidenschaft engagieren.

Wir haben bei dieser Gala drei Projekte ausgezeichnet. Als Erstes ein regionales Projekt, bei dem bedürftige Kinder mit Schulranzen ausgestattet werden. Der Kölner Schauspieler Klaus J. Behrendt, bekannt aus dem Kölner Tatort, engagiert sich dafür und nahm gemeinsam mit dem Osnabrücker Unternehmer Reinhard Höfelmeyer die Auszeichnung entgegen.

Außerdem wurde der Gründer der Arche, Bernd Siggelkow, ausgezeichnet. Mit ihm verbindet mich eine tiefe Freundschaft. Auch er kämpft unermüdlich für bedürftige Kinder, mittlerweile deutschlandweit.

Als drittes Projekt wurde die schottische Kinderhilfsorganisation »Children 1st« ausgezeichnet. Ich durfte die Laudatio halten und den extra aus Schottland angereisten Abgesandten den Preis überreichen. In dem Moment, als ich für meine Laudatio nach vorn ans Rednerpult trat, spürte ich eine innerliche Explosion. Der Gang von meinem Platz auf die Bühne dauerte maximal zwanzig Sekunden, aber es waren die intensivsten Sekunden der letzten Jahre.

Auf den ersten Metern sah ich den kleinen John vor mir. Verschüchtert und verängstigt. Ein kleines Häufchen Elend. Doch je länger ich unterwegs war, umso mehr entwickelte sich der kleine John zu dem Hoffnungsträger, der ich jetzt sein darf.

Ich habe schon oft Vorträge gehalten, aber an diesem Abend, bei der Laudatio, war ich emotional so aufgeladen wie selten zuvor. Es war die eben beschriebene Erfüllung, die Einzug hielt. Ich fühlte mich frei und redete sehr offen über meine Vergangenheit. Über meine ersten Lebensjahre, in der »Children 1st« meine Familie so oft besucht hatte.

Vor fünfzig Jahren bezeichneten Sozialarbeiter in Glasgow mich als armes Kind mit einer verlorenen Kindheit und mit wenig bis gar keiner Chance auf ein anständiges Leben. Und nun zeichnete dieser arme, kleine Junge von damals selbst soziale Projekte aus. Dieser verloren geglaubte Junge hatte mit Gottes Hilfe den Weg aus dem Elend heraus geschafft. Diese Erfüllung ließ mein

Herz hüpfen. Und diese erste Gala lieferte den perfekten Rahmen dafür.

Das Stiftungslogo mit dem Schmetterling steht für mich nicht nur für die Natur, sondern auch für die Kunst, Wertvolles dort zu sehen, wo noch nichts sichtbar ist. In jeder Raupe steckt ein Schmetterling. Mit meinem Verein und mit der Stiftung möchte ich so vielen Menschen wie möglich bei der Entwicklung von der Raupe zum Schmetterling behilflich sein. Ihnen die Würde geben, die sie verdienen. Denn in dieser Beziehung sind wir Menschen alle gleich. Egal, ob wir mit einem goldenen Löffel im Mund geboren wurden oder von Anfang an um unser Überleben kämpfen mussten.

DAS STIFTUNGSLOGO MIT DEM SCHMETTERLING STEHT FÜR MICH NICHT NUR FÜR DIE NATUR, SONDERN AUCH FÜR DIE KUNST, WERTVOLLES DORT ZU SEHEN, WO NOCH NICHTS SICHTBAR IST.

Für Deutschland haben die Väter und Mutter unserer Verfassung vor genau 70 Jahren (1949) sogar das festgelegt, was mir wichtig ist. Direkt am Anfang des Grundgesetzes bildet ein Satz die Grundlage aller weiteren Gesetze:

Die Würde des Menschen ist unantastbar.

Wir sind alle gleich würdig.

22

ICH HABE DICH BEI DEINEM NAMEN GERUFEN

Mein Name ist ein wichtiger Teil
meiner Identität. Ein Teil,
der mir Würde verleiht.

Haben Sie sich schon mal Gedanken über Ihren Namen gemacht? Über Ihren Vornamen? Der ist ja relativ wichtig. Und kurios ist: Sie hatten keinerlei Mitspracherecht, als es darum ging, sich Ihren Namen auszusuchen.

Sind Sie zufrieden mit der Wahl Ihrer Eltern? Oder haben Sie schon so manches Mal gedacht: »Mannomann, da hätten sich meine Eltern durchaus mehr Mühe geben können!«

Mir ist mein Name wichtig. Sehr wichtig. John.

John ist die englische Form von Johannes und leitet sich vom hebräischen Jochanan ab, das bedeutet »Gott ist gnädig«.

John. Gott ist gnädig.

Mein Name ist ein wichtiger Teil meiner Identität. Ein Teil, der mir Würde verleiht, denn gepaart mit meiner individuellen DNA ist mein Name etwas, was mich unverwechselbar macht.

Ich liebe es, meinen Personalausweis anzusehen oder meinen Reisepass, ja selbst meine Bonuskarte der Tankstelle schaue ich mir oft an, weil sie auf meinen Namen ausgestellt ist.

Wenn meine Frau mich bei meinem Namen nennt, dann fühle ich mich gut. Die Art, wie sie mich anredet, verrät mir ihre Zuneigung. Es sei denn, ich habe mal wieder vergessen, meine Trainingsklamotten ordnungsgemäß in der Waschmaschine zu verstauen, dann verrät mir der Tonfall, mit dem sie meinen Namen ausspricht, dass etwas nicht stimmt. Aber ihre Grundansprache ist voller Liebe und Vertrauen.

Wenn mich jemand anspricht und meinen Namen sagt, freue ich mich. John McGurk! Meistens passiert das sehr zugewandt und voller Sympathie, selten mit einem kritischen Unterton. Aber auch damit kann ich leben.

Ich bin ansprechbar. John McGurk.

Ja, das bin ich! Ich bin wer.

Dieses Gefühl hatte ich nicht immer.

Denn: Es reicht nicht, einen Namen zu haben, er muss auch gebraucht werden, geachtet werden. In meiner Kindheit habe ich mich nicht anerkannt oder geachtet gefühlt. Mr Smith hat meinen Namen voll Verachtung ausgesprochen.

Ich habe es in dieser Zeit gehasst, meinen Namen zu hören. Immer wenn der Name »John McGurk« fiel, bin ich zusammengezuckt.

Jeder Mensch möchte angesprochen werden, gesehen werden, anerkannt werden. Jeder Mensch sehnt sich nach einer positiven Wahrnehmung.

Ich habe zwei Extreme erlebt: Am Anfang meines Lebens erfuhr ich eine erhebliche Missachtung meiner Identität und heute genieße ich bei vielen Menschen ein hohes Vertrauen, was mich sehr dankbar macht.

Deshalb sehe ich mich und mein Engagement auch als Anwaltschaft für die vielen Kinder und Jugendlichen, die ihren Namen permanent in einem negativen Zusammenhang hören, weil sie in sozialen Verhältnissen aufwachsen, die sie als Personen zweiter oder dritter Klasse stigmatisieren, obwohl sie überhaupt nichts dafür können.

Und noch viel schlimmer: die dadurch sogar in eine Anonymität gedrängt werden.

Besonders deutlich wurde mir dies, als ich im Jahr 2017 von einem grausamen Fund in Schottland las: Dort wurde neben dem katholischen Waisenhaus Smyllum Park in der schottischen Kleinstadt Lanark ein Massengrab mit über vierhundert Leichnamen von Kindern gefunden. Diese Kinder sind zwischen 1870 und 1980 gestorben und, man muss es so deutlich sagen, wurden einfach verscharrt. Ohne Beisetzung, namenlos, ohne eine würdige Beerdigung. Man hat sich ihrer entledigt.[8]

Anscheinend sind viele der Kinder an natürlichen Ursachen und Krankheiten gestorben, aber viele sollen auch misshandelt und gedemütigt worden sein. Dieses Kinderheim lag nur knapp fünfundvierzig Kilometer von meiner Heimat entfernt. Als ich von dem Fund las, stockte mir der Atem.

Jedes dieser Kinder hatte einen Namen, man hat Aufzeichnungen über ihre Identität gefunden. Jedes dieser Kinder hatte eine Menschenwürde. Jedes dieser Kinder hatte es verdient, zu leben. Jedes dieser Kinder ist viel zu früh gestorben.

> **JEDES DIESER KINDER HATTE EINEN NAMEN, JEDES DIESER KINDER HATTE EINE MENSCHWÜRDE, JEDES DIESER KINDER HATTE ES VERDIENT, ZU LEBEN, JEDES DIESER KINDER IST VIEL ZU FRÜH GESTORBEN.**

Und jedes dieser Kinder hat es verdient, dass man seinen Namen in Erinnerung behält. Man müsste jeden einzelnen Namen der über vierhundert Mädchen und Jungen voller Ehrfurcht und voller Trauer flüstern, eine Kerze anzünden und ihrer gedenken.

Vielleicht erscheint das wie eine hilflose und hohle symbolische Handlung, doch sie entspringt dem tiefen Wunsch, diesen hilflosen Geschöpfen ein Stück Würde zurückzugeben. Es ist mein Wunsch, jedem dieser Kinder einen Grabstein oder ein Kreuz zu widmen. Wenn ich genug Geld zusammenhabe, werde ich das versuchen. Zumindest eine Gedenktafel, auf der die Namen dieser Kinder stehen, sollte doch zu realisieren sein.

Klingt nach einer verrückten Aktion, ist es auch, aber ich spüre, dass ich es versuchen muss. Ich bin mir bewusst, dass diese Kinder davon nicht mehr viel haben, aber es wäre ein Zeichen, dass kein Kind jemals vergessen wird.

Denn ich bin mir sicher: Kein Wesen, das jemals auf dieser Erde geatmet und gelebt hat, hat dies umsonst getan. Niemand wird vergessen. Vielleicht von uns Menschen, aber niemals von Gott, dem Schöpfer.

Gott sagt uns in der Bibel zu: »Fürchte dich nicht, denn ich habe dich erlöst; ich habe dich bei deinem Namen gerufen; du bist mein!« (Jesaja 43,1)

Dieser Vers fasziniert mich. Erst einmal wegen dieser Zusage: »Fürchte dich nicht.«

Wie sehr brauche ich das in meinem Leben. Immer wieder. Dass mir jemand sagt: »Hey, hab keine Angst.«

Er sagt nicht: »Ich erspare dir alle Schmerzen und alles Leid«, sondern: »Hab keine Angst, ich bin da! Ich halte dich!«

Wie sehr habe ich das damals gebraucht!

Und ich glaube an diesen Zuspruch Gottes. Obwohl ich durch so viel Leid gegangen bin. Oder gerade weil ich so viel Schlimmes erleben musste.

Ich glaube, dass Gott da ist, besonders bei den Menschen, die durch viel Leid gehen. Er tröstet mich selbst im Nachhinein noch. Und ich weiß: Dieser Zuspruch Gottes zieht sich wie ein roter Faden durch die gesamte Bibel, vom ersten Buch Mose bis zur Offenbarung des Johannes.

»Fürchte dich nicht!«, sprach Gott zu Abraham, Isaak und Jakob.

»Fürchte dich nicht!«, sagte er zu Mose und Josua, zu Maria, zu den Hirten in der Weihnachtsgeschichte, zu den Frauen am leeren Grab von Jesus.

Zu Petrus, zu Paulus und am Ende der Bibel in der Offenbarung des Johannes: »Fürchte dich nicht! Ich bin der Erste und der Letzte.«

DER ZUSPRUCH GOTTES »FÜRCHTE DICH NICHT!« ZIEHT SICH WIE EIN ROTER FADEN DURCH DIE GESAMTE BIBEL, VOM ERSTEN BUCH MOSE BIS ZUR OFFENBARUNG DES JOHANNES.

Gott steht am Anfang und am Ende. Das tröstet mich.

Und der Vers aus Jesaja 43 setzt ja noch eins drauf: »Ich habe dich bei deinem Namen gerufen; du bist mein!«

Das macht mir wirklich Mut. An diese Zusage klammere ich mich. Ich glaube daran, dass Gott jeden Menschen mit Namen kennt. Das er jeden Menschen mit seinem Namen nennt und ihm sagt: »Du gehörst zu mir! Deshalb: Fürchte dich nicht!«

Klingt sehr naiv, oder?

Aber dieser Gedanke entfaltet eine große Kraft.

Weil ich daran glaube, dass Gott jedes Kind, jedes Menschenkind voller Liebe, voller Würde und voller Zuneigung bei seinem Namen ruft, kann ich aktiv werden und voller Hoffnung gegen die Kinderarmut kämpfen.

Gott ist kein Gott der Massenabfertigung, sondern der Individualität.

Weil ich weiß, dass Gott das zehnjährige Mädchen auf den Straßen Kalkuttas sieht, das von Menschen mit Verachtung im Blick links liegen gelassen wird, lohnt es sich, Kilometer für Kilometer am frühen Morgen zu laufen, mich zu quälen, zu trainieren und mich zu engagieren. Denn ich weiß: Gott sieht alle Menschen! Und ich darf ihn dabei unterstützen.

Weil ich weiß, dass Gott die Tränen des zwölfjährigen Jungen in einem der vielen sozialen Brennpunkten unserer Großstädte sieht, der von seinem Vater regelmäßig bewusstlos geprügelt wird, lohnt es sich, Spenden zu sammeln und auf Benefizveranstaltungen zu gehen und zu netzwerken, weil es einfach keine Alternative gibt.

Ich bin hoffnungslos hoffnungsvoll, weil Gott uns Menschen mit Liebe ansieht. Besonders die Menschen, die von anderen Menschen als unwürdig abgetan werden.

Ich habe damit immer noch keine Antwort auf die Frage, warum Gott so viel Leid zulässt. Aber ich klammere mich an die Zusage von Jesaja 43 und bin nicht bereit in das (An-)Klagen derer mit einzustimmen, die sagen: »Wenn es einen Gott gibt, warum tut er dann nichts?«

Meistens sind die Menschen, die am lautesten klagen, diejenigen, die selbst den Hintern nicht hochkriegen, sondern schön warm und bequem im Sessel sitzen und einfach nichts tun. Das kann ich absolut nicht akzeptieren.

Denn wenn Gott jeden Menschen bei seinem Namen ruft und ihm zuspricht: »Fürchte dich nicht«, dann möchte ich dabei helfen, dass dies so viele Menschen wie möglich erreicht.

Deshalb: Mein Name ist John McGurk und ich glaube fest daran, dass Gott zu Ihnen, zu mir und zu der ganzen Welt sagt:

»Fürchte dich nicht! Ich habe dich bei deinem Namen gerufen; du bist mein!«

23

TOO LATE? – ZU SPÄT?

Auch Jean schien es geschafft zu haben – vom Elend des Kinderheims an die Spitze der Sportelite der Stadt.

Vor einigen Monaten durfte ich zum ersten Mal mein fünftes Enkelkind in den Armen halten. Es war ein erhebendes Gefühl. Und das ist es immer wieder. Voller Stolz und Glück habe ich es lange angeschaut und es dann behutsam wieder in die Arme seiner Mutter gelegt. Demnächst kommen weitere Enkelkinder dazu. Unsere Familie wächst. Wie schön!

Kinder sind ein Segen. Und Enkelkinder sind ein doppelter Segen. Als Oma und Opa können Katja und ich uns eine schöne Zeit mit den Enkelkindern machen und die stressigen Phasen getrost den Eltern überlassen.

Aber unsere Kinder wissen: Wenn Not am Mann oder an der Frau ist, dann sind wir da. Egal, zu welcher Tages- und Nachtzeit wir gebraucht werden, wenn es irgendwie möglich ist, helfen wir. Das ist mir ganz wichtig.

Meine Familie musste und muss lange genug auf mich verzichten, aber sie sollte nie das Gefühl haben, dass ihr Daddy seine Arbeit über die eigene Familie stellt. Nico und Mandy wissen, dass sie mich jederzeit erreichen können. Wir sprechen viel miteinander, wissen, wie es den anderen geht, und ganz wichtig: Wir können zusammen lachen und einfach eine gute Zeit haben. Dasselbe gilt auch für meine Tochter Kim, die mit ihrer Familie in München lebt.

Meine Kinder sind ganz besonders behutsam mit meiner Geschichte umgegangen. Ich habe ihnen von meiner Kindheit erzählt, von der Art und Weise, wie ich aufgewachsen bin. Es hat sie sehr berührt und betroffen gemacht. Aber ihre Liebe zu mir hat sich dadurch nicht verändert. Im Gegenteil: Sie hat sich noch intensiviert. Durch meine Kinder habe ich erfahren, dass ich doch ein liebender Vater sein kann. Nicht perfekt, aber voller Selbstbewusstsein und mit dem Selbstverständnis, dass eine Beziehung zwischen Eltern und Kindern gelingen kann.

Meine Heimat ist nun in Deutschland und doch bleibe ich ganz Schotte. Und mein Herz hängt an meiner Familie dort. An meinen Geschwistern und an meinen Eltern, solange sie lebten. Ich glaube, dass es die Sicherheit meiner Familie hier in Deutschland ist, die mich stärkt und mir ein starkes Fundament gibt. So konnte ich aus dem sicheren Hafen heraus nicht nur Aktionen in aller Welt starten, sondern auch meine Familie in Schottland begleiten. Und meine Familiengeschichte blieb tragisch.

Der Kontakt zu meiner Mutter und zu einigen meiner Geschwister ist nie ganz abgerissen. Ich habe meine Mutter bis zu ihrem Tod finanziell unterstützt. Sie hat ein sehr schweres Leben gehabt,

MEINE HEIMAT IST NUN IN DEUTSCHLAND. UND DOCH BLEIBE ICH GANZ SCHOTTE. UND MEIN HERZ HÄNGT AN MEINER FAMILIE DORT.

hatte immer mit finanziellen Schwierigkeiten und Krankheiten zu kämpfen. Genau wie meine Geschwister. Sie haben allesamt ihre ganz persönliche Kinderhölle durchlebt, und ich schreibe dieses Buch auch stellvertretend für sie, denn nicht alle hatten so viel Glück im späteren Leben wie ich.

Meine kleine Schwester Helen zum Beispiel war ein kleiner Engel, hatte eine gute Seele und liebte ihre Kinder. Am 10.06.1992 starb sie auf tragische Weise. Ich erfuhr es erst Tage später. Meine Schwester Mary konnte mich damals telefonisch nicht erreichen und schrieb mir daher einen Brief. Ich öffnete den Brief damals direkt am Briefkasten, weil ich mich so darüber freute, Post von meiner Schwester bekommen zu haben. Aber als ich die ersten Zeilen las, wurde mir übel.

»Lieber Johnny«, stand da in ihrer unverkennbaren Handschrift. »Ich muss dir etwas ganz Trauriges mitteilen. Helen ist tot. Sie ist bei der Geburt ihres vierten Kindes gestorben.«

Weiter konnte ich erst einmal nicht lesen. Ich fing bitterlich an zu weinen und zerknüllte den Brief. Das konnte doch nicht wahr sein!

Ich fühlte mich schuldig und schlecht, dass ich es nicht geschafft hatte, meine Schwester zu retten. Ich konnte ja überhaupt nichts dafür, aber ich gab mir eine Mitschuld an ihrem Tod. Sie lebte in einem sozialen Brennpunkt mitten in Schottland, kümmerte sich aufopferungsvoll um ihre Kinder und kompensierte bravourös die Tatsache, dass der Vater der Kinder nicht in ihrem Leben war.

Sie freute sich auf ihr viertes Baby und starb in dem Moment, als sie ihrem Kind neues Leben schenkte. Helen war im neunten Monat schwanger und mit ihren drei kleinen Kindern allein zu Hause gewesen, als die Wehen einsetzten. Sie muss gespürt haben, dass etwas nicht in Ordnung war, denn sie rief im Krankenhaus an, aber es kam kein Arzt.

Ihre drei Kinder gerieten in Panik, sie hatten große Angst um ihre Mutter. Die Zeit verstrich, und als niemand kam, versuchte Helen, das Kind allein zur Welt zu bringen. Dabei kam es zu Komplikationen. Blutungen setzten ein. Irgendwann lief eines ihrer Kinder auf die Straße und bat einen Passanten um Hilfe.

Als dieser in das Haus kam, bot sich ihm ein Bild des Grauens. Helen lag auf dem Sofa, hatte bereits viel Blut verloren und war bewusstlos, das Baby war schon auf der Welt. Die Kinder standen unter Schock und versuchten, das Blut mit Tüchern vom Boden zu wischen. Der Passant rief sofort den Notarzt und Helen wurde ins Krankenhaus gebracht.

Als meine Mutter und meine ältere Schwester Mary im Krankenhaus ankamen, wurden sie von den Ärzten über Helens Tod informiert. Sie war verblutet. Das Kind hat überlebt.

Ein Leben ist entstanden. Ein Leben ist erloschen. Helen war jung. Zu jung, um zu sterben.

Helens Wunsch war es, ihren Sohn John zu nennen. Das hatte sie schon vor der Geburt bestimmt. Benannt nach ihrem Bruder. Auch deshalb nimmt mich diese Geschichte so sehr mit.

Das war 1992.

Die Rate der Müttersterblichkeit ist in den letzten Jahrzehnten drastisch gesunken. Zum Glück.

EIN LEBEN IST ENTSTANDEN. EIN LEBEN IST ERLOSCHEN. HELEN WAR JUNG. ZU JUNG, UM ZU STERBEN.

Und doch gibt es hier weltweit eine große Ungerechtigkeit, denn bei den sozial schwächeren Müttern herrscht auch eine unzureichendere Gesundheitsversorgung und Geburtshilfe als bei den reicheren. Das sieht man global sehr deutlich an den Zahlen der Müttersterblichkeit in den Entwicklungsländern im Gegensatz zu den Zahlen der G7-Staaten. Auch die Müttersterblichkeit in den Staaten der aufstrebenden Volkswirtschaften wie Indien und Südafrika ist nach wie vor immens. In Indien sterben beispielsweise 32 000 Frauen jährlich infolge einer Schwangerschaft.[9]

Eine ungeheure Zahl.

Meine Mutter ist nie so richtig über den Tod von Helen hinweggekommen. Sie starb einige Jahre später während eines Krankenhausaufenthalts. Ich glaube, die wahre Todesursache war ihr gebrochenes Herz.

Vorher konnte ich meine Mutter glücklicherweise noch des Öfteren besuchen. Sie hat uns auch in Deutschland besucht und wir haben einige glückliche Moment miteinander verbracht. Meinen Vater dagegen wollte ich eigentlich nie wiedersehen. Und doch hat er immer und immer wieder versucht, Kontakt zu mir aufzunehmen. Seine Penetranz hat mich zum Nachdenken gebracht, und schließlich war ich bereit, mich auf ein Treffen mit ihm einzulassen.

> **ALLES WAR ARRANGIERT. DIE FLÜGE WAREN GEBUCHT UND DIE TASCHEN GEPACKT, DA ERREICHTE MICH DIE NACHRICHT: »IHR VATER IST GESTORBEN!«**

Alles war arrangiert. Die Flüge waren gebucht und die Taschen gepackt, da erreichte mich die Nachricht: »Ihr Vater ist gestorben!«

Wieder einmal war ich zu spät. Wieder einmal plagten mich große Schuldgefühle. Warum hatte ich mir mit dem Treffen so viel Zeit gelassen? Warum konnte ich nicht über meinen Schatten springen und mich mit ihm versöhnen?

Mein Vater war betrunken gefallen und hatte sich eine schwere Kopfwunde zugezogen. Nach einiger Zeit im Krankenhaus hatte er sich selbst entlassen. In der nächsten Nacht war er an den Folgen der Kopfwunde gestorben.

Und dann starb noch eine weitere Schwester von mir, Jean McGurk. Diese Nachricht stürzte mich in tiefste Trauer, denn Jean war in vielerlei Hinsicht wie ich. Auch sie war im Kinderheim misshandelt worden. Sie litt an denselben seelischen Schmerzen wie ich, hatte Traumata und all die anderen mir wohlbekannten Symptome wie Flashbacks, Panikattacken, Albträume und psychische Probleme.

Jean hat ihre Kindheit ebenfalls mit dem Sport verarbeitet. Und sie war um einiges erfolgreicher als ich. Trotz einer körperlichen Behinderung erbrachte sie Spitzenleistungen. Hochsprung und Sprint waren ihre Disziplinen. Ich bin so stolz auf sie!

In den Achtzigerjahren nahm sie an den Special Olympics teil und gewann Gold und Silber. Im Nachhinein hätte ich alles gegeben, um bei ihren sportlichen Erfolgen dabei zu sein. Ich hätte so gern zugeschaut, wie sie kämpft, meine kleine wunderbare Schwester. Ich hätte gern applaudiert, während sie die Medaillen entgegennimmt.

Jean wurde zur Sportlerin des Jahres 1989 in Glasgow gewählt und ihr wurde eine große Ehre zuteil: Am Abend des 08.12.1989 übergab ihr in den »Glasgow City Chambers« der Lord Provost* den Pokal für die Sportlerin des Jahres. Auch Jean schien es geschafft zu haben – vom Elend des Kinderheims an die Spitze der Sportelite der Stadt.

> ICH HÄTTE SO GERN ZUGESCHAUT, WIE SIE KÄMPFT, MEINE KLEINE WUNDERBARE SCHWESTER. ICH HÄTTE GERN APPLAUDIERT, WÄHREND SIE DIE MEDAILLEN ENTGEGENNIMMT.

Doch nach dem so wohlverdienten Sonnenschein hielten viel zu schnell die dunklen Tage Einzug in Jeans Leben. Verletzungen warfen sie zurück, sie wurde depressiv, zog sich sehr stark zurück und ich hörte kaum noch etwas von ihr.

Vor einigen Jahren bekam ich einen Brief vom Glasgower Bürgermeister. Er hatte von meinem sozialen Engagement gehört und wusste, dass ich aus Glasgow komme. Ich war für den »Lord Provost Charity Award« vorgeschlagen worden und sollte nun diese Auszeichnung erhalten.

---

* Glasgow City Chambers: Rathaus; Lord Provost: Bürgermeister.

Am 07.04.2017 stand ich an derselben Stelle wie meine Schwester Jean mehr als zwanzig Jahre zuvor. Ich betete zu Gott und hoffte, dass es Jean gut ging, denn ich hatte schon sehr lange nichts mehr von ihr gehört und meine Suche in Schottland im Rahmen der Preisverleihung war ergebnislos verlaufen.

Als ich vierzehn Tage später daheim in Deutschland von der Arbeit kam, klingelte das Telefon. Meine älteste Schwester Mary war am Apparat.

»John, hast du Zeit?«, fragte sie.

»Klar.«

»John, ich habe Jean gefunden.«

Ich wollte vor Freude aufspringen, aber ich merkte an Marys Stimme, dass es kein freudiges Ereignis war, das sie mir mitteilen wollte.

»John, es tut mir so leid.«

Ihre Stimme wurde brüchig.

»Unsere kleine Schwester Jean ist tot.«

»Zu spät«, dachte ich in diesem Augenblick. »Wieder einmal zu spät.«

»Mary?«

Ich musste mich konzentrieren, um überhaupt einen vollständigen Satz herauszubringen.

»Wie ist Jean gestorben?«

Mary fing an zu weinen.

»John! Sie hat sich erhängt. Sie konnte mit den seelischen Schmerzen nicht mehr leben.«

»Nein«, schrie ich, dann fiel ich weinend auf meine Knie und ein unermesslicher Schmerz flammte in meinem Herzen auf.

Wieder einmal fühlte ich mich schuldig. Warum hatte ich nicht noch intensiver nach ihr gesucht? Warum war ich damals bei keinem ihrer Wettkämpfe gewesen? Warum hatte ich nicht mitbekommen, dass die Depressionen so sehr zugenommen hatten, dass sie keinen anderen Ausweg mehr sah, als sich das Leben zu nehmen?

Ich wusste, dass ich diese Selbstanschuldigungen widerlegen konnte. Damals hätte mein Tag gut und gern achtundvierzig Stunden haben können und ich hätte nicht alles geschafft. Ich habe vollzeitlich in der Papierfabrik gearbeitet und war vollzeitlich ehrenamtlich für meine Projekte engagiert. Außerdem kosteten die Flüge nach Schottland viel Geld.

Und trotzdem: Dieses »Zu spät« begleitete mich noch lange.

Auch hier hat mich diese schmerzliche Erfahrung in der eigenen Familie dazu gebracht, genauer hinzuschauen, wenn es um Depressionen geht. Depressionen gehören zu den häufigsten und am meisten unterschätzten Krankheiten.

Die Stiftung »Deutsche Depressionshilfe« drückt es auf ihrer Internetseite sehr passend aus:

Jeder fünfte Bundesbürger erkrankt ein Mal im Leben an einer Depression. Manager sind davon genauso betroffen wie Lehrer oder Erwerbslose. Auch Kinder oder ältere Menschen können an Depression erkranken. Informieren Sie sich über die verschiedenen Facetten einer Depression.[10]

Das kann ich nur jedem empfehlen. So werden die ersten Anzeichen erkannt und man kann helfen.

Teresa Enke, die Witwe des ehemaligen Profifußballers Robert Enke, der unter Depressionen litt und sich im Jahr 2009 das Leben nahm, sagte in einem Interview: »Wir dachten, mit unserer Liebe bekommen wir das in den Griff.«

Es hatte nicht funktioniert. Manchmal reicht Liebe einfach nicht. Manchmal reicht der persönliche Kampf einfach nicht. Manchmal zeugt es von wahrer Stärke, sich das einzugestehen und Hilfe von außen anzunehmen. Sonst ist es zu spät.

Jean wurde verbrannt. Sie hat kein Grab, keinen Ort der Erinnerung. Deshalb habe ich ihr eine Gedenktafel machen lassen und diese Tafel an das Grab von Helen und meiner Mutter gestellt.

Meine Mutter, Helen und Jean. Drei wichtige Frauen meines Lebens sind nicht mehr auf der Erde. Manchmal rede ich mit ihnen. Ich verspreche meinen verstorbenen Liebsten, dass ich auch ihre Geschichte dazu nutze, um anderen Menschen zu helfen.

Für Jean und Helen ist es zu spät. Aber es können noch so viele andere Menschen gerettet werden.

24
WEITER, IMMER WEITER

Wenn es beim
ersten Mal nicht klappt,
dann vielleicht beim
zweiten Mal.

Es war ein regnerischer Abend im Spätherbst vor vielen Jahren. Mein Termin hatte länger gedauert als geplant, ich saß im warmen Auto, fuhr durch Osnabrück, hing meinen Gedanken nach und freute mich auf daheim. Kaum Autos, kaum Fußgänger waren unterwegs. Da sah ich einen Mann, der langsam und mit vielen Plastiktüten bepackt auf dem Gehweg ging. Er hatte einen langen Mantel und ihm schien der Regen nichts auszumachen. Er lief langsam, gebückt und scheinbar ohne Ziel durch die Stadt. Ein Obdachloser.

Ich fuhr an ihm vorbei, hielt an, stieg aus und ging auf ihn zu. Im Laufen zog ich mein Portemonnaie aus der Tasche und fischte einen 20-Mark-Schein heraus. Der Mann sah mich kommen und schaute verwundert auf. Er hatte einen dunklen Vollbart, auf seinem Kopf eine Pudelmütze. Er stellte die Taschen ab.

»Hey, darf ich dir diese zwanzig Mark schenken?«, fragte ich ihn.

Seine Miene verfinsterte sich.

»Behalt dein Scheißgeld«, schleuderte er mir entgegen. Dann nahm er seine Tüten wieder in die Hände und schlurfte an mir vorbei.

Ich stand da wie ein begossener Pudel.

Kurz darauf stieg ich wieder in mein Auto und fuhr weiter. Ich überholte ihn. Als er außer Sichtweite war, bog ich in eine Seitenstraße ein und parkte erneut. Ich stieg aus, nahm den 20-Mark-Schein und legte ihn mitten auf die Straße. Ich trat noch einmal drauf, um ihn gebraucht aussehen zu lassen. Dann stieg ich wieder in mein Auto, fuhr einige Meter weiter, stellte den Motor ab und beobachtete die Straße im Rückspiegel.

»Bitte Gott, lass ihn in diese Straße gehen.«

Und tatsächlich. Wenige Augenblicke später kam der Mann mit seinen Taschen um die Ecke.

»Hoffentlich sieht er das Geld.«

In gebückter Haltung ging der Mann die Straße entlang und blieb schließlich stehen. Genau da, wo ich den Schein hingelegt hatte.

Er bückte sich, streckte die Hand aus und nahm das Geld in die Hand. Er blieb regungslos stehen und starrte auf den Schein.

Dann drückte er das Geld an seine Brust und schaute in den Himmel. Es sah so aus, als würde er sich bedanken. Schließlich steckte er den Schein in seine Tasche. Ich konnte leider seinen Gesichtsausdruck nicht erkennen, aber die Tatsache, dass er das Geld genommen hatte, reichte mir schon. Allein die Tatsache, dass er in diese Straße eingebogen war, verbuchte ich als Wunder.

Ich startete den Motor und fuhr zufrieden nach Hause. Eine Begegnung voller Power, die mir zwei Dinge gezeigt hat.

Erstens: Wenn es beim ersten Mal nicht klappt, dann vielleicht beim zweiten Mal.

Und zweitens: Um anderen Menschen zu helfen, muss man zuweilen ungewöhnliche Wege gehen – und manchmal benötigt man auch das gewisse Quäntchen Glück. Das durfte ich im Kleinen und im Großen erleben.

Mit unserem Verein und der Stiftung führen wir in jedem Jahr neben vielen kleineren Veranstaltungen ein großes Event durch. Das planen wir extrem gut durch, überlassen nichts dem Zufall und merken trotzdem, dass wir immer wieder überrascht werden. Das gehört dazu. Läufe mit vielen Menschen durch fremde Länder beinhalten viele unabwägbare Dinge. Gerade deshalb müssen wir gut organisiert sein und das haben wir echt drauf. Wir planen mit viel Routine, viel Flexibilität und ganz viel Liebe für die Sache.

Dennoch mache ich manchmal einfach Dinge, von denen ich nicht weiß, wie sie ausgehen. Das sind meine kleinen persönlichen Abenteuer.

Wie damals, als ich im Jahr 2011 nach New York reiste. Allein. Ich wollte die Stadt auskundschaften und Kontakte für ein größeres Projekt knüpfen. Wie und was genau das werden würde, wusste ich noch nicht. Ich wusste nur: »Ich werde den New-York-Marathon laufen und das mit einer gemeinnützigen Aktion verknüpfen. Und diese Aktion muss Aufmerksamkeit erzeugen.«

Eine große Herausforderung, denn New York hat ja nun so einige Events, die um Aufmerksamkeit buhlen.

In Deutschland hatte ich bereits einen großen Partner: Der »Volksbank Münster Marathon« war begeistert, vertraute mir und sagte sofort zu.

Klar war: Der Schotte John McGurk wird New York erobern. Keine Absprachen, keine Telefonate, nur ich und ein paar Tage Zeit, um Menschen kennenzulernen und sie für meine Geschichte zu begeistern.

Ich liebe solche Situationen!

Aber als ich damals aus dem Flugzeug stieg, war mir doch etwas seltsam zumute. New York ist wirklich riesig und ich kannte niemanden.

Ein kleiner Tipp von mir: Spazieren Sie einfach mal im Highland Dress mit Kilt durch Manhattan oder den Central Park – damit fällt man selbst in dieser Stadt auf und wird von vielen Menschen angesprochen.

Mein erster Anlaufpunkt war Ground Zero, der Ort, an dem einst die mächtigen und großen Türme standen, die am 11. September 2001 einstürzten. Ich hatte das Geschehen damals am Fernsehen verfolgt, nun stand ich selbst dort, ein beklemmendes Gefühl. Zu dieser Zeit wurde dort eine Gedenkstätte eingerichtet, noch war es eine Baustelle. Die Schwere dieses Ereignisses war immer noch spürbar.

Danach lief ich in voller schottischer Montur mit Kilt und Co. etwas ziellos durch die Gegend und kam an die nächstgelegene New Yorker Feuerwache. Dort stellte ich mich vor und wurde von den Feuerwehrleuten sehr herzlich empfangen, was auch daran lag, dass die Jungs meinen Kilt cool fanden.

Ich erzählte meine Geschichte und dass ich auf Kontaktsuche war. Wir kamen ins Gespräch, vor allem über das Leben nach dieser Katastrophe im Jahr 2001. Viele von den Männern waren damals im Einsatz gewesen.

Einer der Männer sagte mir, dass ich unbedingt Linda Gimmona kennenlernen müsse. Ihr Bruder Vincent Gimmona war als einer der Firefighter am 11. September bei der Evakuierungsaktion im World Trade Center ums Leben gekommen. Es war sein vierzigster Geburtstag gewesen.

Sie gaben mir Lindas Adresse und ich machte mich auf die Suche nach ihr. Ich fand sie tatsächlich, aber sie war verhindert und so verabredeten wir einen Telefontermin. Ich musste zwar zurück nach Deutschland, aber ich wusste: Diese Spur führt mich zum Ziel.

Linda und ich verstanden uns auf Anhieb, wir skypten, mailten und telefonierten. Sie erzählte mir, dass sie die Vorsitzende einer Organisation sei, die sich um die Witwen und Waisen der verstorbenen Feuerwehrmänner kümmert, und ich erzählte ihr, dass ich gegen Kinderarmut und für Gerechtigkeit laufe und dadurch schon viele Projekte unterstützt habe.

Dann flog ich ein weiteres Mal nach New York. Diesmal hatte ich ein Ziel.

Linda Gimmona muss früher eine sehr lebenslustige Frau gewesen sein, das sah ich in ihren Augen, als sie mir die Tür öffnete. Sie lächelte viel, aber in ihrem Blick lag eine große Schwere. Sie bat mich sofort in ihr Wohnzimmer und wir kamen ins Gespräch.

Vincent Gimmona, ihr verstorbener Bruder, war auch ein passionierter Läufer gewesen, der immer den großen Traum gehabt hatte, beim New-York-Marathon mitzulaufen.

Linda und ihre Stiftung hatten schon viele Spenden für die Witwen und Waisen der am 11. September verunglückten Feuerwehrmänner gesammelt. Viele Promis hatten gespendet, aber einen Termin beim New Yorker Bürgermeister hatten sie bisher noch nicht bekommen. Genau das war mein Ziel.

Linda machte mir wenig Hoffnung. Ich versuchte es trotzdem und schrieb einen Brief an das Büro von Mr Bloomberg.

Das Wunder geschah. Wir wurden eingeladen und durften eine Friedensbotschaft an die Stadt New York übergeben.

Überglücklich flog ich wieder nach Hause.

Im September dann, kurz vor dem zehnten Gedenktag, flog ich erneut nach New York, mit mehreren Partnern, Freunden und einer Friedensbotschaft der Städte Osnabrück und Münster, unterschrieben von Boris Pistorious im Gepäck.

Wichtige Vertreter der New Yorker Politik wurden mit ins Boot geholt und die Presse berichtete wenig später über eine Kranzniederlegung zum zehnjährigen Gedenken an die schrecklichen Ereignisse des 11. Septembers.

Die Niederlegung fand direkt an der Wand der Feuerwache statt, in unmittelbarer Nähe zu Ground Zero. Der damalige Bürgermeister, Michael Bloomberg, hatte Linda Gimmona und mich dazu eingeladen, um die Friedensbotschaft der Städte Münster und Osnabrück durch seine Assistentin und rechte Hand, Leslie Slocum, entgegennehmen zu lassen. Leider habe ich ihn nicht persönlich getroffen, aber das Erlebnis war trotzdem unvergesslich.

Ein paar Tage zuvor hatte mir Linda ein Armband von Vincent und einen Stein aus den Trümmern der zerstörten Gebäude gegeben. Da es auch der Traum von Vincent Gimmona gewesen war, den Marathon zu laufen, trug ich später beim NYC-Marathon sein Armband und nahm den Stein mit auf die Strecke. Es war mir eine Ehre, Vincent so zumindest symbolisch den Wunsch erfüllen zu können.

Linda und Leslie Slocum waren sehr berührt von dieser kleinen, aber bedeutungsvollen Brücke von »Litte Osnabrück« zum »Big Apple«.

Auch solche Erlebnisse gehören zu meiner Geschichte.

Es gäbe noch viel mehr zu erzählen. Über mich, meine Projekte, andere Projekte, über die Not von benachteiligten und armen Kindern. Darüber, dass ich im Jahr 2020 gemeinsam mit der schottischen Kinderhilfsorganisation »Children 1st« eine großartige Expedition in die Arktis, den »ArkticTreck«, plane. Darüber, dass die Osnabrücker Bäckerei »Brinkhege« ein Brot nach mir benannt hat und mit dem Verkauf dieser Brote Kinderprojekte von unserer Stiftung unterstützt.

Darüber, warum einige Freunde mich für das Bundesver-
dienstkreuz vorgeschlagen haben, was ich nicht im Ansatz erahnte, sodass ich völlig überrascht war, als ich darüber informiert
wurde, dass ich es tatsächlich bekommen würde. Darüber, wo
es in unserem Haus nun seinen Platz hat.

Darüber, wie viele Träume und seelischen Kämpfe ich auch
heute noch durchlebe und wie es sich anfühlt, wenn ich immer
noch und immer wieder meine Laufschuhe mit schmerzenden
Knien und Gelenken anziehe und trainiere. Ich bin kein Roboter.
Ich bin ein Mensch.

Und darum ist das, was am Ende stehen soll, nicht die großen
Geschichten, Begegnungen und Erfolge. Am Ende dieses Buches
stehen ein paar letzte Worte, die ich Ihnen, liebe Leserinnen und
Leser, mit auf den Weg geben möchte:

**MEIN GANZ GROSSES HAPPY
END WERDE ICH ERST ERLE-
BEN, WENN ICH GOTT AN
EINEM (HOFFENTLICH NOCH
WEIT ENTFERNTEN TAG) PER-
SÖNLICH TREFFEN DARF.**

Als Erstes ein großes Dankeschön,
dass Sie mit mir unterwegs sind. Die
vergangenen zwei Jahre des Buchent-
stehungsprozesses waren sehr emotional und manchmal sehr schmerz-
haft. Ich wusste, dass ich wieder zurück in die Hölle gehen musste, um
meine Geschichte zu erzählen. Das hat sehr viel Leid in meinem
Herz verursacht. Leider bleibt die ganz große Happy-End-Story
aus, auch wenn ich viele Erfolge feiern durfte und darf und mit
meiner Familie sehr beschenkt bin.

Aber wenn ich ehrlich bin, dann weiß ich, dass meine Vergangenheit immer mein Schicksal sein wird. Egal, was passiert,
mein ganz großes Happy End werde ich erst erleben, wenn ich

Gott an einem (hoffentlich noch weit entfernten Tag) persönlich treffen darf. Nach meinem Tod.

Das ist keine Lebensmüdigkeit. Ich lebe gern und ich liebe meine Familie und meine Freunde. Aber meine Seele hat einfach zu viel erlebt, um hier auf der Erde ganz zu heilen. Das habe ich akzeptiert.

Trotzdem strotze ich vor Hoffnung, Motivation und Selbstbewusstsein, denn wir können noch so viel bewegen.

Bei mir war es ein Traum, ein Satz, der mein Leben verändert hat: »Gott hat dir ein großes Herz gegeben und er hat Großes mit dir vor.«

ICH WEISS, DASS MEINE VERGANGEN-HEIT IMMER MEIN SCHICKSAL SEIN WIRD.

Dieser Satz hat mich getragen und er trägt mich bis heute.

Ich möchte Sie bitten: Prüfen Sie, welche Sätze des Lebens Sie tragen. Von welchen Begegnungen und Erlebnissen geht Kraft aus? Positive Kraft, die Sie zum Handeln bringt. Zum Handeln für das Gute. An Ihrem Ort, mit Ihren Möglichkeiten.

Man muss keine tragische Geschichte hinter sich haben, um zu helfen. Es geht um die Hoffnung für die Zukunft. Um unsere Zukunft und die unserer Kinder und Enkelkinder. Dafür lohnt es sich, zu kämpfen, hinzufallen, wiederaufzustehen, den Kilt (oder die Hose) zu richten und weiterzukämpfen.

Lassen Sie uns miteinander für eine bessere Welt kämpfen.

Von Herzen:

Tapadh leat!*

---

* Danke (Schottisch).

ANMERKUNGEN

1 Astrid Lindgren: Niemals Gewalt! Deutsch von Anna-Liese Kornitzky © Verlag Friedrich Oetinger GmbH, Hamburg 2017.

2 Ebd., S. 35.

3 Dorothea Brummerloh: Gewalt gegen Kinder – Geschlagen, geschüttelt und gequält. Deutschlandfunk 28.05.2018. https://www.deutschlandfunkkultur.de/gewalt-gegen-kinder-geschlagen-geschuettelt-und-gequaelt.976.de.html?dram:article_id=418923 (letzter Abruf 16.04.2019).

4 Ex-Schalke-Manager – Rudi Assauer ist tot. Süddeutsche Zeitung 06.02.2019. https://www.sueddeutsche.de/sport/rudi-assauer-tot-schalke-manager-nachruf-1.4320074 (letzter Abruf 16.04.2019).

5 Homepage. https://www.footprintnetwork.org (letzter Abruf 16.04.2019).

6 Wikipedia (Hg.): Earth Overshoot Day. https://de.wikipedia.org/wiki/Earth_Overshoot_Day (letzter Abruf 15.05.2019).

7 Greta Thunberg in Davos – »Ich will, dass ihr in Panik geratet«. WELT 25.01.2019. https://www.welt.de/vermischtes/article187693472/Greta-Thunberg-in-Davos-Ich-will-dass-ihr-in-Panik-geratet.html (letzter Abruf 16.04.2019).

8 Ben Robinson & Michael Buchanan: Bodies of ›hundreds‹ of children buried in mass grave. BBC 10.09.2017. https://www.bbc.com/news/uk-41200949 (letzter Abruf 15.05.2019).

9 Fiona Weber-Steinhaus & Julia Wadhawan: Geburten in Indien – »Die Frauen hier haben Angst«. Spiegel online 24.04.2019. https://www.spiegel.de/politik/ausland/indien-hebammen-sollen-muettersterblichkeit-senken-a-1257623.html (letzter Abruf 15.05.2019).

10 Stiftung Deutsche Depressionshilfe: Depression kann jeden treffen. https://www.deutsche-depressionshilfe.de/depression-infos-und-hilfe (letzter Abruf 16.04.2019).

BILDNACHWEIS (Bildteil):

Alle Bildrechte liegen bei John McGurk (privat), außer:

Roland Willaret: Titelbild, S. 1, 3, 5 oben

Helmut Hörnschemeyer: S. 8 unten, S. 9, S. 11 oben, S. 12, S. 13 unten, S. 14 unten, S. 16 unten

Ursula Holtgrewe: S. 8 oben

Michael Steins: S. 14 oben

Simone Reukauf: S. 16 oben

Wilhelm Buntz

Der Bibelraucher
Die knallharte Lebensgeschichte eines Ex-Knackis

Im Gefängnis greift Buntz zur Bibel. Er liest eine Seite, reißt sie heraus, rollt sich eine Kippe. So qualmt er sich bis zum Neuen Testament. Da packt ihn der Text. Gott sagt: »Ich bin treu wie ein liebender Vater.« Ist das möglich? Noch im Knast gibt Buntz diesem Gott eine Chance und merkt schnell: Das Leben mit Gott ist auch knallhart. Knallhart voller Wunder.

Gebunden, 13,5 x 21,5 cm, 256 S.,
mit Prägung auf dem Schutzumschlag
Nr. 395.860, ISBN 978-3-7751-5860-2
Auch als E-Book

SCM
Hänssler

Andreas Schutti, Daniel Gerber

Discokönig
Geld, Sex, Macht – Wie ich erst alles verlieren
musste, um wirklich reich zu werden

Seine Discos, sein Imperium: schöne Frauen, teure Autos! Andreas Schutti machte als Discokönig Schlagzeilen. Doch dann zerschlägt die Steuerbehörde sein selbsterschaffenes Reich. Heute ist die Bibel für ihn das Fundament des Glaubens und Jesus Christus sein großes Vorbild.

Gebunden, 13,5 x 21,5 cm, 312 S.,
inkl. 8-seitigem Bildteil, Umschlag mit UV-Spotlack
Nr. 395.887, ISBN 978-3-7751-5887-9
Auch als E-Book

SCM
Hänssler

Family

PARTNERSCHAFT GENIESSEN. FAMILIE GESTALTEN.

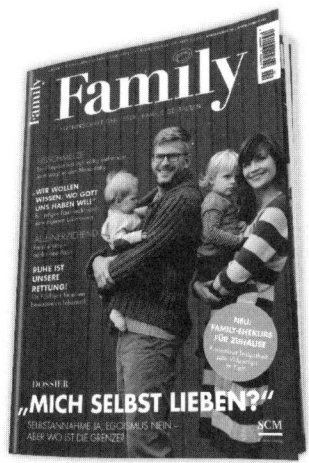

Impulse für die Ehe: Family bietet Grundlagen für starke Ehen und Praxistipps für das Leben zu zweit. Familienkompetenz: Eltern geben ihre Erfahrung weiter. Heiße Erziehungs-Themen werden diskutiert, Fragen beantwortet. Family lädt ein, Persönlichkeit zu entwickeln und als Familie und Paar mit Gott zu leben.

Ein Abonnement (6 Ausgaben im Jahr) erhalten Sie in Ihrer Buchhandlung oder unter:

www.bundes-verlag.net

Deutschland:
Tel.: 02302 93093-910
Fax: 02302 93093-689

Schweiz:
Tel.: 043 288 80-10
Fax: 043 288 80-11

www.family.de · www.family.ch

SCM
Bundes-Verlag